Yosuke Shionagi
潮凪洋介

大人のゆる友《とも》活《かつ》

ちょうどいいつながりが
人生を豊かにする

集英社

はじめに

本書は、次のような大人のために書かれた本です。

・気づいたら友だちがいない
・友だちと話が合わなくなってきた
・新しい友だちと出会う機会がない
・友だちと会うのを面倒に感じてしまう

つまり、大人になってからの友だちづき合いに悩むすべての人です。

そんな大人に、この本でおすすめするのが「ゆる友活」です。

ゆる友活は、自分にとっても相手にとっても心地いい人とのゆるいつながり＝ゆる友を増やし、ゆるくつながり続けることでちょうどいいつながりを実現し、人生を豊かにするためのものです。

それは若い頃のような友だちづき合いとは違います。無理して強がったり、我慢したりすることなく、一緒にいて楽しいことが大前提のつき合いになります。

現在50代の私は、ゆる友活が今一番しっくりきています。ほどよい距離感で、新しい友だちをつくるだけでなく、旧友とも仲良くして、友だちとの時間で得られた幸福感の余韻《よいん》に浸りながら、自分一人の時間も楽しんでいます。

この本は、私が「サードプレイス（家でも会社でもない第三の居場所）実践者」として30年以上にわたって数々のイベントやコミュニティを運営し、これまで何千もの人たちとつながり、交流してきた経験をもとにして書いた、大人のための友だちづき合いのガイドブックです。

とくに仕事や家事、育児で何かと忙しい30代・40代の人や、子どもの手が離れ、定年後や第二の人生を考えはじめる50代以降の人が、男女関係なく無理なくはじめられて、肩の力を抜いて自然体で続けられる、ゆる友活のエッセンスを実例を交えながら詰め込みました。

最初に、第1章「大人のゆる友活とは何か？」を解説した後、第2章「いつもの行動を変える」、第3章「自分の言葉を振り返る」で、ゆる友活をはじめる準備として知っておきたい考え方やスキルをご紹介します。そのうえでゆる友活の実践として、第4章「新しい環境に飛び込む」、第5章「お互いにちょうどよくつながる」で、それぞれ友だちづくり、友だちづき合いがうまくいく方法やコツをまとめています。

たとえば人見知り、人が離れていくなど、そもそも人づき合いや人間関係に不安がある方はそれぞれ第2章、第3章を読んでから第4章と第5章を読むことで、よりスムーズにゆる友活に取り組めるようになります。

読み方は自由です。出会いがない方、友だち関係で距離感がつかめない方はそれぞれ第4章、第5章から読んでも、あるいは自分にとって必要だと思う章や気になる見出しから読んでもかまいません。「自分にできることからまずやる」のが大切だからです。

ここに書いたことは、人づき合いにおいて基本的なことです。意外と見落としがちな点をおろそかにしないことで、友だちに限らず、人間関係全般にお役立ていただけると思います。

あなたも大人のゆる友活の一歩を踏み出してみませんか?

最初から自分にはできないと思わずに、「ゆるく」ではじめてみると、いつもの見慣れた景色が違って見えてくるはずです。

CONTENTS

第2章 いつもの行動を変える

人見知りのあなたのための「はじめの一歩」

第3章

自分の言葉を振り返る

人が離れていくあなたのための「会話術」

第4章

新しい環境に飛び込む

出会いがないあなたのための「つながり術」

第5章

お互いにちょうどよくつながる

距離感がつかめないあなたのための「つき合い術」

第 1 章

大人のゆる友活とは何か？

友だち関係は
「ゆるい」ほうがうまくいく

1 大人になると友だちとの関係性が変わる⁉

「生活の中での優先順位」が変わる

私たち大人にとって〝友だち〟とはどういう存在なのでしょうか？　私の周りにいる40代以上の男女に「友だちといえる人」と「友だちといえない人」について聞いてみたところ、次のような意見がありました。

- **友だちといえる人……**「仕事の合間や家に一人でいるときに思い出す相手」「趣味の話やたわいもない話をしたくなる相手」「一緒に飲みたい相手」など
- **友だちといえない人……**「時間をつくってでも会いたいと思わない相手（仕事関係を含む）」「職場や近所で頻繁に顔を合わすけれどプライベートの話をしない相手」「存在すらも思い出さない相手」など

いろいろな意見がありましたが、一言でまとめると、「職場や家庭以外で、プライベートの時間を一緒に過ごしたい相手」が友だちであるといえます。

そういう意味では、学生時代の友人、しばらく会っていない旧友はもちろん、会社の同僚で職場以外の場所で会う人も、友だちに含めてもいいかもしれません。さらにママ友、パパ友も、友だちに含まれると思います。

ところで、今のあなたに〝友だち〟と呼べる人は何人いるでしょうか？　そう聞かれると、答えに困ってしまう人もいるかもしれません。それは、誰が自分にとっての友だちなのか――その定義が曖昧《あいまい》になっているからではないでしょうか？

若い頃と比べて、年をとると友だちとのコミュニケーションの頻度や感情移入の度合いが減り、関係性は年々変化し続けます。友だちとの関係性が変わる理由は「生活の中での優先順位」です。何らかの事情があって、お互いになかなか会えなくなると、友だちよりも仕事や家庭のほうを優先してしまいがちです。その結果、かつて友だちと呼べた人とは疎遠になり、「元友だち」というカテゴリーがふさわしくなって、誰が友だちなのかがわからなくなってしまいます。

ここで重要なのは、それでも〝友だち〟と呼べる人は「忙しい合間を縫ってわざわざ会う相手」であり、決して暇つぶしの存在や惰性のつながりではないと思えることです。

友だちとの「距離感」がつかめなくなる

年をとるごとに「お互いの距離感」も変わります。生活環境の変化で物理的に距離が遠くなることに加えて、心理的にも距離が離れていく傾向があります。

私たちは、それぞれの人生で育まれた性格や価値観、生活習慣などが、年齢とともに積み上がっていきます。同時にそれらが否定されたり無視されたりして共感し合えないことを避けたいと思うものです。

つまり、大人の友だち関係においては尊重し合えることが前提であり、そうでなければストレスを感じてしまうのです。

実際、相手があなたの努力や苦悩を慮《おもんぱか》らずに、意見や価値観を押しつけたり、頭ごなしに否定したりしたらどうでしょうか？　きっとそんな友だちならいらないと感じるはずです。

若い頃の友だちとの距離は、お互いにとても近かった記憶があります。とくに10代から

20代前半の頃は、多少失礼なことを言っても結局は許される関係だったかもしれません。生きる世界や背負う責任がそれほど大きく違わず、相手の抱える事情や感情を理解しやすかったこともあり、同じ景色を見ながら友だちづき合いをしていたと思います。

ところが、収入も環境も違えばそれぞれの当たり前も違う今の状況では、相手の気持ちを考えずに発言した瞬間、一気に友だち関係が壊れることがあります。

相手の言動によってあなたが不快にさせられ、距離を置きたくなる場合もあるし、その逆の場合もあります。相手は共感してほしい、褒めてほしいと思っているのに、あなたが反論する、ケチをつける、いじったり軽く扱ったりしてしまう。そういう人とは一緒にいたくないはずです。

いずれにしても、忙しい合間を縫って会っているのに、一緒にいることがストレスになるのは本末転倒。それは友だちとはいえないのです。

友だちとの距離感は実にむずかしいものです。実際、仕事相手との距離感はつかむことができても、プライベートでの知人との距離感がつかめないと悩んでいる人は少なくありません。

仕事中心の生活ではプライベートの時間は限られ、職場や取引先での会話は仕事の内容がメインになります。このとき、相手を尊重し、近すぎず遠すぎない距離感で、失礼のない接し方が求められます。その感覚が抜けないまま、新しい人と出会い、友だちになろうとしたときに、どこまで踏み込んでいいのか――慎重になりすぎて、「こういうつき合い方は友だちといえるのだろうか？」と不安になる。そうなると、むしろ『友だちではない』と線引きするほうがややこしくなくていい！」となってしまう場合もあります。

最近出会った人とも「知り合いではあるが友だちではない」と遠慮したりしているうちに、友だちと呼べる人が周りにいなくなる……。それが大人の友だち事情といえるのかもしれません。

POINT

お互いに尊重し合える関係でないとストレスを感じてしまう

2 そもそも大人に友だちは必要か？

孤独な大人が増え続ける

そもそも大人に友だちは必要なのか？ 不要なのか？ この問いに対して、「友だちは必要！」というのが本書の基本スタンスです。

ただし、それは相手の良い面と悪い面を理解しながら、個々の事情に応じ、最適な距離感でつき合うという条件下においてのことです。

世の中には「友だちづき合いはわずらわしい、自分の時間を削られる」という否定的な意見もあります。しかし、「孤独感を和らげる」「不幸を感じる時間を減らせる」「楽しさを増幅させる」「ともに成長できる」という側面があるので、友だちはいたほうが幸福度は上がるのではないでしょうか？

とくに強い孤独感や、孤独とまでいかなくても生活に張り合いがなく虚無感を抱えている人は、こうしたモヤモヤも友だちが解消してくれる可能性があります。

事実、孤独な大人は増え続けています。その要因として、社会の進化が背景に挙げられるでしょう。食料調達も映画鑑賞も、そして仕事の打ち合わせすらも、今ではオンラインで完結してしまいます。わざわざ出かけなくても人と会わなくても何とかなってしまうがゆえに、便利さが「出会いの機会損失」を生み、それがスマートであるという風潮すらあります。

単身世帯（一人暮らし）は今後、さらに増えることが予想されます。今は会社勤めで孤独をあまり感じていなくても、定年後に孤独な老後を迎えることが大いにありえます。

孤独感は心身にマイナスの影響を与え、不健康につながる恐れさえあるともいわれています。

孤独のせいで被害妄想が強くなり、攻撃的になったり精神が不安定になったりする人もいます。また、思考や価値観にも偏りが生じて、傍《はた》から見るととっつきにくくなり、ますます人を遠ざけ、孤独を助長してしまいます。さらには自分を責め、自殺願望を抱くケースもあります。このように孤独には人を壊す一面があるのです。

今の日本は、他者とのつながりが希薄な大人のオンパレードです。これといった趣味もなく、「毎日がつまらない、なんとなく過ぎていく」と焦っている人は少なくありません。30代から50代はとかく「やらねばならないこと」に縛られ、何とかこなすだけで日々を過ごしてしまいがち。この〝やらねば生活〟が原因で、「何のために生きているのかわからない」と思う人も珍しくありません。

仕事や家庭の延長線上にある、やらねばならないことでつながった人間関係だけでは「自分らしさ」が置き去りになってしまうかもしれないのです。

友だちが欲しいと思う瞬間がある

ここであなたに質問です。友だちが欲しいと思うのはどんなときでしょうか？

職場の人や家族にも言えない不安や悩みを抱えてつらくて逃げたいとき、心配事や何かを決断するにあたって相談したいとき、逆に仕事やプライベートでうれしいことや楽しいことがあったときも、誰かに話したい、聞いてほしいと思うものです。

就職・転職したとき、異動・昇進したとき、退職・独立したとき、引っ越したとき、結婚したとき、子どもができたとき、離婚したとき、病気になったとき……。人生の節目・転機でも、誰かと気持ちを共有したくなります。

毎日やることが多く、時間に追われて楽しさを感じられないときもそうです。家と会社の往復で毎日が終わるのは虚《むな》しいですから、ふとその手を休めて、いつもと違う場所で、思いを共有できる人と過ごし、心を豊かにしたくなります。

子育て中の人は子どもを見ているだけで幸せな気持ちになりますが、余裕がなくなってしまうと、時々会って話せる人がいないことは切実な悩みになります。この「時々会って話せる人がいない問題」は、子育て中かどうかにかかわらず、どんな人にも当てはまるでしょう。

プライベートの時間をたいてい一人で過ごし、そのことが平気なつもりでいても、なんとなく寂しく感じることはあります。そんなとき、誰かととりとめのない話で楽しく盛り上がれたら幸福度は確実に上がります。

このように友だちを求める気持ちがわいてくるのは、人間にとってごく自然なことだと思います。

昨今は「ソロ活」がブームになり、ソロキャンプ、一人焼肉、一人カラオケなど、自分一人の時間を楽しむ人が増えています。しかしソロ活が楽しいのは、普段から他者とのつながりがあってこそ。友だちとの時間があるから、自分一人の時間の楽しさがわかるのかもしれません。一人でもあれこれ楽しむことはできますが、コントラストの妙味を味わうことはむずかしいでしょう。

今やスマホやSNSで「常時接続」が可能になりました。誰しも人とつながりたい——そんな人間の本能をデジタル化が充足させたといえるかもしれません。まさに友だちとの時間と自分一人の時間のバランスがとれた「ウェルビーイング（Well-being）」が実現できる時代が訪れているのではないでしょうか？

POINT

友だちとの時間があるからこそ自分らしく、心豊かに生きられる

3 友だちがいると どんないいことがあるのか？

友だちがいるメリット

大人にとって友だちがいるメリットは**①サードプレイス（家でも会社でもない第三の居場所）**、**②救命胴衣**、**③羅針盤**の三つのキーワードに集約されるのではないでしょうか？

①素の自分に戻れる「サードプレイス」

友だちは、ありのままの自分で生きるための助けになってくれます。たとえば職場や家庭で真面目キャラを演じた後に、その仮面を外して素の自分に戻るためのサポート役を友だちが担ってくれるのです。

あなたが仕事や家族の問題で疲れたときや落ち込んだときは、友だちが穏やかなやさしい気持ちになるきっかけを与えてくれるでしょう。友だちとＬＩＮＥしたり直接話したりすることで、本当の自分に戻してもらえることがあります。

仕事では「もっと数字を上げろ」「企画がつまらない」と上司から理不尽に罵《ののし》られたり侮辱されたりしても、耐えねばならない場面があります。そんなときは、自信を失い、自尊心が損なわれがちですが、友だちと話すと心が落ち着き、それを回復させることができます。

つまり、友だちは自分のサードプレイスであり、〝心の再生工場〟でもあるわけです。

②自分の身の安全を守ってくれる「救命胴衣」

友だちは、無理をしている自分を本来あるべき姿に戻してくれます。あなたが間違った努力や我慢をしていたら、「そっちへ行くな！」と警告するセキュリティ機能を果たしてくれることがあります。

たとえば、あなたが配偶者からひどいモラハラを受けているとしたら、友だちは離婚をすすめるでしょう。あなたが危険な状況にいることを気づかせてくれるのも友だちではないでしょうか？

今の日本では、自分一人で問題を抱え込んで自殺を考える人が少なくありません。あなたが精神的に追い詰められたとき、「大丈夫?」と寄り添ってくれたり、「あの件、どうなったの?」と気にかけてくれたりする友だちが周りにいたら、行きすぎたマイナス思考を防げるはずです。

友だちは、人生の谷底に沈まずに崖っぷちで踏みとどまり、脱出するための救命胴衣でもあるのです。

③正しい方向を示してくれる「羅針盤」

定年後、会社を辞めて生きる自信も知恵も人脈もない。子どもが独立し、自分がどう生きればいいかわからない。そんなときも、友だちは人生に迷わないための羅針盤になります。

ある大手企業勤務の50代の男性は役職定年が見えてきた頃に、退職後の人生について、腕一本で稼いできた料理店のオーナーシェフの友人に教えを乞いました。

その後、男性は自宅の1階を改装した民家カフェを定年後に開業する準備に入りました。カフェの開業に向けて5か年計画を立て、関連書籍を読み漁り、自宅で営んでいるカフェを探して調査したり、実際に訪問したりしました。

シェフの友人から「実際の店を食べ歩いてオーナーと仲良くなり、情報を聞き出したほうがいい」とアドバイスされたからです。また、カフェをオープンした際には「イベントを開催して半径1キロ圏内の人が集まりやすいコミュニティをつくるといい」とも教えられました。このように友だちはメンター（助言者）役も果たしてくれます。

自分一人の〝逃避〟には限界がある

超多忙な現代では、自分と自分以外の問題を切り離すことができずに心が壊れることも珍しくありません。心が壊れてしまう前に、外部のゴタゴタを切り離すことが必要です。その切り離しの第一歩は「外的な力」を借りることです。自分一人の〝逃避〟には限界があるからです。

真面目な人ほど、ミスをしたときに責任を自分一人で負い続ける傾向があります。このようにして「逃げ場を失う」のが自己完結型人間の弱さです。勝手な思い込みをどんどん加速させ、自分で自分を追い込んでしまうのです。

そんな人でも友だちと話すだけで、意識の半分以上が外に向かいます。注目すべきは、友だちからのアドバイス内容です。その人の適性に合った言葉でアドバイスできるのは、友だちだからだといえます。自分のことを知らない人に質問するより有意義な答えが返ってきますし、利害を超えて〝ぶっちゃけ話〟ができることも強みです。

このように、友だちという外的な力を借りて「自分を守る」のはとても大切なことです。

POINT

友だちという「外的な力」が自分を守ってくれる

4 なぜ年をとると友だちがいなくなるのか？

友だちを遠ざける要因

「年をとると友だちがいなくなる」といわれていますが、それには**①時間がない**、**②関わりたくない**、**③今さら恥ずかしい**の三つの要因があると思います。

①時間がない

まず単純に、大人になると忙しいのが当たり前になり、友だちづき合いは時間的に不可能と考えてしまいます。

働き盛りの大人は処理しなければいけない仕事や家事が山積みです。そして、日常生活の心配事も多く、心身の疲労も軽減しないといけません。

友だちから誘われても、これ以上自分の時間が減るのは嫌なので「仕事が終わらない」

「疲れがたまっている」と断る人も少なくありません。また、「家族や子どもを放っておけない」「交友関係が増えると出費も増える」という現実的な理由もあります。

たしかに「会うと半日かかる」「飲み会で二次会にも行くと帰りが遅くなる」と思うと、友だちづき合いは億劫《おっくう》になります。

しかし、時間は本当に「ない」のでしょうか？　やらねばならないことは多いですが、やらなくてもいいことに時間を使っていないでしょうか？　友だちどころではないという人ほど、意外と空いた時間を見落としているものです。

②関わりたくない

次に、心理的な理由があります。友だちだと思ってつき合っていても、大人になると次のようなことが起きた覚えはないでしょうか？

- 否定的な言葉を向けられたりマウントをとられたりすることが多くてイライラする、あるいは傷ついてしまう
- 生き方も価値観も違うので話が合わない。見下されたり嫉妬されたりするのが嫌だ
- 友だち関係という甘えから、遅刻されたり約束を破られたりするので気分が悪い

ただでさえ自分の時間がない生活では、わざわざ会ってムカついたり、落ち込んだり、ネガティブになったりする人とは関わりたくないと考えるのが通常の感覚だと思います。

また、実際につき合うことによって直接的にせよ間接的にせよ、自分が〝不幸〟になることもありえます。

・友だちにすすめられた投資で借金ができてしまった
・友だちに好きな人との交際を反対されて、別れてしまった
・保守的な友だちに感化されて、自分も冒険しない人生を選んでしまった

どんな人でも人間関係の影響を少なからず受けてしまうものです。そのため、人からの影響を少なくしたいという気持ちから関わりたくないと考える人もいます。

③今さら恥ずかしい

さらに、友だちに気を取られるのは子どもっぽい、あるいは現実逃避して無駄な時間とお金、体力を使っていると感じて、つき合うことに積極的になれなかったり、恥ずかしいと思ったりする人もいます。

また、友だちとよく遊んでいると「寂しい人のように見られやしないか？」と不安にな

る人もいるかもしれません。

とくに仕事の他にも社会的活動に身を投じて「自分は生産的で意義のある時間を過ごしている」という自負のある人は、友だちづき合いにかまける人間にはなりたくないと思う傾向があるようです。

友だちになることをゴールにしない

以上の三つの要因は、「友だちをつくらなくても済む言い訳」といえます。あなたが友だちが欲しいと心のどこかで思っているのであれば、次のように考えて言い訳を乗り越えないといけません。
①**「時間がない」**なら、「お茶やランチにする」「オンラインにする」と考えると、友だちづき合いに対する心理的なハードルが下がります。また、仕事人間と自認していたり家事や育児に追われたりしている人ほど、誰かに自分の役割を代わりにお願いして時間を確保することも必要です。
②**「関わりたくない」**なら、他人への期待値を下げて、自分の受け止め方を変えることです。人間誰しも欠点があり、それを許容し合えて初めて友だちといえると思います。

③**「今さら恥ずかしい」**なら、社会的立場を取り去った一人の人間として、人生を楽しむ別次元の世界の大切さに気づくことです。世の中には利害関係がない人との関わりの中で幸せな時間を過ごしている人が大勢います。

しかし、それでも心にスイッチが入らない人はどうしたらいいか？

「『友だちになりたくない』と避けられるかも……学生時代のみじめな思いはしたくない」「友だちをつくったところで、またいなくなるし、傷つくのも嫌だから」

このように過去のトラウマが邪魔している人は、自分から人を遠ざけるのではなく、深く関わらなくてもいいので、とにかく誰かと「ゆるくつながる」ことです。その後、友だちになるかならないかは自然の成り行きでいいのです。

いずれにしても、大人の友だちづくりは友だちになることをゴールとせず、まずはゆるくつながるところからはじめてみると、新たな扉が開かれるはずです。

POINT

友だちづき合いが負担にならないように
ゆるくつながる

5 大人にこそすすめたい「ゆる友活」

ゆる友活で目指す関係

「大人でも友だちが欲しい。でも、さまざまな障壁があって、なかなか一歩が踏み出せない……」

ここまで読んできたあなたはそう思っているかもしれません。そこでおすすめするのが「ゆる友活」です。

ゆる友活とは、ゆるいつながり＝ゆる友を増やし、ゆるくつながり続ける活動です。普通の友活は、比較的近い距離で、何でも話せる新しい友だちをつくる活動全般を指すのに対して、ゆる友活は、自分も相手もほどよい距離感で、思いやりと尊敬の気持ちを持ちながら、お互いに心地いい関係を楽しむことを意味します。もちろん、干渉したり束縛したりする関係ではありません。

ゆる友活で目指すのは、「薄く」「幅広く」「長く」つながる関係です。具体的には、一人の親友より複数のゆる友をつくり、いつでも誰かと何かしらつながっている状態をキープします。

ゆる友のイメージは、「時々会って話ができる相手」です。共通の趣味や学びを通じたつながりも含みます。もちろんゆる友から〝親友〟になることも十分にありえます。

大人になると急に誰かと友だちと呼べる関係にはなりにくいものです。友だちは誰かから与えられるものではありません。そしてはじめから「友だち」というラベルを貼るものでもありません。まずは心の中で、「この人は友だち候補かもしれない」という期待を膨らませ、それを少しずつ言葉や行動に表しながら、徐々に友だちになっていくものだと思います。

そういう私自身、10代から30代前半にかけて、ゆる友活とは正反対の「ガチ友活」を実践していました。自分が主催する交流イベントで、同じ価値観の人と積極的に友だちになり、一緒に遊び、夢や恋を語らい、本音をぶつけ合う、とても距離の近いつき合いを楽しんでいました。

しかし年をとるにつれて、昔のままの距離感では、相手にストレスを与えてしまうようになりました。旧友に対しても新しく出会う人に対しても、当時と同じような接し方をしていたら相手から受け入れられないと、年をとってわかるようになりました。

それに加えて、50代になって同じことをやるのは無理があります。今も若い頃のようなガチ友活を続けたら、時間的・労力的・摩擦ストレス的な部分で弊害が生じてしまいます。

したがって、大人の友だち関係は「100％わかり合うのではなく、わかり合える部分もある」というくらいが心地よく、そのわかり合える部分だけ共感し合えばいい――これを言い換えると、〝パートタイムフレンド〟という表現になります。必要なときだけのつき合い、一線を引いたつき合いでいいのです。

「それって友だちといえるの？」と思うかもしれませんが、前向きにとらえると忙しい合間に最大限に楽しむつき合い方ということです。その結果、相手の嫌な部分や過ちを「わかり合えない部分もあるけれど深入りしない」としてやり過ごせます。これは一定の距離感があるからこそできることです。

100％わかり合おうとするからこそ、お互いにマイナス面が気になり、ストレスになります。さらにその不満を言わずにはいられなくなって、良かれと思って自分の考えを押しつけてしまったりします。その逆のパターンで、あなた自身が相手から押しつけられる側になり、ストレスを感じることもありえるのです。

誰でも相手の許せない言動や価値観があるものです。そして相手にもあなたの許せない言動や価値観があるのです。

だからこそすべてをわかり合おうとしない。近づきすぎない――それが正解なのかもしれません。

貴重な時間を誰と過ごすか

仕事では基本的に自分で人を選んでつき合うことはできません。「この人とは合わない」と思っても、自分の感情を押し殺してつき合わなければいけないことがあります。そんな人間関係を何十年も続けている人は普通にいます。

ある意味、家族も固定された人間関係です。親や配偶者、子どもといつも円満であればいいですが、そうはいきません。距離が近いぶん、何らかのストレスを抱えながら生活することもあります。

そう考えると、自由に人間関係を選択できる時間は限られています。そんな貴重な時間を「誰と過ごすのか？」は、幸福度を上げるための重要な選択といえるでしょう。

人生は誰と過ごすかで幸福度が決まる――そう言っても過言ではありません。人生で何をやるのかは切実な問題ですが、誰と過ごすかも同じくらい重要であり、その両方によって幸せな時間を得ることができるのです。

ゆる友は人生を豊かにする素敵なスパイスとなりえます。そしてゆる友活は、いつでもはじめられて、続けるのもやめるのも自由なのです。

POINT

大人の友だち関係は近づきすぎず、ゆるくつながるくらいがちょうどいい

6 ゆる友に向いている人、向いていない人

「心理的安全性」が優先される

大人になってからの友だちが若い頃の友だちと異なる点は何だと思いますか？

若い頃は「面白い」「頭がいい」「モテる」「有名である」「自分もあの人みたいになりたい」などの理由で、誰かと友だちになることもあったと思います。これまで多少モヤモヤしたりイライラしたり、見栄を張って嘘をついたりしないといけない人ともつき合った時期があったかもしれません。

しかし、ゆる友の場合、求められる要素がまったく違ったものになります。肩書、外見、学歴、年収などのスペックではなく「心理的安全性」が優先されるのです。

世の中には感情の起伏が激しい人がいます。普段はほがらかで明るいのに、ちょっとしたことで怒りのスイッチが入るような人です。誰でもそういうタイプの人と一度や二度は

遭遇したことがあるはずです。こうした人は一見、いつそのスイッチが入るかわかりにくいので、周りはいつも気をつかっていないといけません。彼らも自分ではわかっているけれどなかなか直せないようで、「からみづらい」「気をつかう」といった理由で次第に周りから敬遠されていきます。

大人の友だち関係において重要なのは、「一緒にいると素の自分でいられて、心が安らぐか？」「相手と話すと自分を肯定してくれて、前向きになれるか？」ということです。

そしてそれは、「自分も相手もお互いに」という点がポイントです。

相手だけが幸せでも自分だけが幸せでもダメ。お互いに心地よくなれてこそだと思います。

そもそも友だちだからといって、頻繁に会ったり連絡をとったりしなければいけないわけではありません。「もう何年も会っていないけれど、いつも心の中にいる」という存在もありなのです。直接会わなくても、メールや電話、手紙などでいつでもコミュニケーションがとれるのであればゆる友といえます。

たとえば、東京と福岡に住んでいて、普段はメールで数か月に1回やりとりする程度であっても、数年に1回出張や帰省の折に会い、昔の思い出話で盛り上がったり、「子どもが独立したら離島で暮らしたい」などと将来の夢を話したり、ずっと関係が安定しているのであれば、それはゆる友です。

もっと言えば、実際に会わなければいけないわけでもありません。一度も会ったことがない、オンラインだけでコミュニケーションをとる相手も、それがお互いに心地いいと思える関係であれば、ゆる友なのです。

オンラインコミュニティで知り合った、リアルではまだ会ったことがない相手と2か月に1回程度、Web会議ツールで共通の趣味や関心事について語り合う——これも楽しさと満足感が得られるゆる友活といえるでしょう。

ネガティブな人は避ける

現代は多様性の時代です。今を生きる人の数だけ友だち関係も存在していますが、それでも共通する要素があるとすれば、お互いが心地よさを抱いているということではないでしょうか？

逆に、一緒にいても何となく落ち着かず、精神が不安定になったり、話すと後ろ向きになったり、いつも肩肘を張ったりしなければいけない相手とは、わざわざ会いたくないのが人間の当然の心理です。せっかくのプライベートの時間を疲れる相手、気が滅入《めい》る相手と過ごしたくないものです。

ですから、ゆる友として避けたいのは、何度も約束を破る人、嘘ばかりつく人。さらに言うと、考え方がネガティブな人です。

考え方がネガティブな人には次のような特徴が多く見られます。

・頻繁にイライラ、クヨクヨしている
・人の悪口が目立つ
・笑わない、楽しもうとしない
・偏屈、卑屈
・嫉妬心が強い

このタイプの人と一緒にいると前向きな気持ちが削《そ》がれ、楽しさが半減し、ゆる友活が面倒くさくなってしまいます。

以前、私がとあるパーティーで出会ったＩＴ系企業勤務の男性とあらためてランチに行ったときのことです。彼は私と再会した瞬間から、自分の会社や取引先のトラブルを話しはじめました。5分くらい聞けば話が変わるだろうと思いましたが延々20分、「それはあなたの性格のせいでは？」と突っ込みたくなるような不平不満が続きました。

途中、私がその場の空気を変えようと楽しい話をしても、彼は微笑《ほほえ》みの一つも見せません。また自分の話をはじめて、今度は自分の婚活への愚痴をまくし立て、挙げ句の果てには「僕みたいな男の中身を女性は見ようとしませんから。うわべだけしか見ない女性は嫌いです」「どうせ最後は一人ですよ」と言い放ちました。

その後、「潮凪さんは聞き上手ですね」とメールが届きましたが、彼とはそれ以来会わないことにしました。

ゆる友としてつき合うのであれば、自分の時間とエネルギーはポジティブな人と共有したほうがいいのです。もちろんそれは相手にとっても同じこと。ゆる友活ではお互いに心地いい時間になるためのスタンスが必要になってくるのです。

POINT
ゆる友は一緒にいて
お互いに心地いい存在かどうかを基準にする

7 大人のゆる友活のはじめ方

友だちがいない・できない理由

今のあなたに友だちと呼べる人がいないのであれば、ゆる友活以前に、その理由を理解しておく必要があります。人によって環境も違えば、そもそもの性格、得意不得意も違います。当然ながら、ゆる友活においても押さえておくべき点が違ってきます。

友だちがいない・できない人のタイプは、大きく次の四つに分けられると思います。

Aタイプ：人見知り（人づき合い自体が苦手）⬇本書の第2章へ

そもそも人と話すと疲れる、緊張する、不安や恐怖を感じる、劣等感を覚える……。一人でいるほうが幸福度が高いタイプです。

誰かと関わることが苦手なので、自然と人を遠ざけてしまいます。ただ時折、「このままではまずい」「寂しい」「孤独だ」という感情がわいてくるのであれば、人とつながることで自分の人生をより良くしたいという願望があるということです。

人とつながるために、普段の行動から変えていくことです。

Bタイプ：人が離れていく（無意識に相手を不快にさせている）⬇本書の第3章へ

否定する、人の話を聞かない、しゃべりすぎる、あるいは自分からあまり話さず、会話に消極的……。何らかの言動によって無意識に相手を不快にさせているタイプです。

新しい人と出会っても、そのうちに連絡がとれなくなったりしたことがありませんか？

このタイプの人は「ありのままでいい」と居直れば居直るほど、どんどん人が離れて孤独になっていきます。

自分の言葉や態度を振り返る必要があります。

Cタイプ：出会いがない（毎日家と会社の往復ばかりしている）⬇本書の第4章へ

職場の人とは話が合わない。残業続きでプライベートの時間がない。家に帰ると家事をこなし、子どもの面倒も見なければいけない……。毎日家と会社の往復ばかりしていて、職場の人や家族以外と接することが少なく、新しい出会いがないとあきらめてしまっているタイプです。

出会いがない現状を変えるには、思い切って新しい環境に飛び込むしかありません。自分に合う人がいそうな場所（コミュニティ）に自ら出向いていくことです。

Dタイプ：距離感がつかめない（どうつき合えばいいかわからない）⬇本書の第5章へ

相手との距離を詰めすぎたり、逆に距離をとりすぎたりして、友だち関係をうまく築けない、維持できないタイプです。

とくにこれまで距離感を間違えて友だちと気まずくなったり、疎遠になったりした経験があると、新しく出会った人に対しても「また嫌われるかも……」という不安が頭をよぎります。

友だちと一定の距離感を保つには、どこまで相手につき合うかという基準を自分の中に持つことが大切です。

実際のところ、友だちがいない・できない理由は一つに絞れないものです。いくつも当てはまる方やどれに当てはまるかわからない方もいるでしょう。一応、タイプ別に本書の章を分けていますが、実行できることが大事なので、あなたの感覚で気になる章や見出しからお読みください。

ゆる友活で大事なこと

ゆる友活をはじめるうえでの最大の障壁は、忙しくて時間がないことだと思います。しかし、仕事や家族をないがしろにしてまでのゆる友活はおすすめしません。ゆる友活はあくまで余剰時間で行うことが前提であり、心地よさや楽しさを優先させるべきです。もちろん、一緒にいて楽しくない相手と貴重な時間を過ごすことはなく、つき合いをやめることも一つの心得です。

自分をより良く見せようとして無理するのも禁物。学歴や肩書を自慢したり、必要以上に知的に見せたりしないのは言うまでもなく、行きすぎたサービス精神で「いい人」になりすぎるのも避けたいところです。自分が消耗してしまうだけでなく、本来の魅力が失われてしまいます。

そして、人見知りで誰かと話すだけで緊張するような場合は、ゆる友活であってもストレスを感じてしまうはずです。ですから極力ゆるく、最初はあたりさわりのないことをメールしたり話したりして、まずは自分が楽しむことに意識を集中するのがいいでしょう。

それでも人づき合いが苦手な人はぐったり疲れ果ててしまうかもしれませんが、「自分から話しかけた」「相手が喜んでくれた」などの場面を思い出して、積極的に行動した自分を褒めてあげてほしいのです。

そうしているうちに少しずつ楽しさを感じられる心が育っていきます。話が弾んだり連絡先を交換できたりして胸躍る経験を味わうたびに幸福度が上がっていく、その過程を楽しんでほしいと思います。

毎日散歩するようにゆるく続けて、ゆる友活を日々の習慣にしてしまいましょう。いつしか自然体でゆる友活を楽しめるようになるはずです。

POINT

ゆる友活は極力ゆるくはじめて習慣化し、少しずつ楽しみながら慣れていく

第2章

いつもの行動を変える

人見知りのあなたのための「はじめの一歩」

1 自分はどうしたいかを知る

友だちといるとできること、できないこと

人見知りで友だちがいないという あなたは、まず「本当に友だちが欲しいのか？」について考えてみるといいと思います。

「友だちがいるといざというときに頼れるから」「友だちがいたほうが毎日楽しそうだから」「友だちがいないと寂しい人だと思われるから」「みんなには友だちがいるから」……。もしかしたら「面倒だけど友だちくらいつくっておくか」という感覚の人もいるかもしれません。

友だちのメリットとしては、自分の感情や思考を相手と共有できることが挙げられます。人間は共感の生き物です。誰かと気持ちを共有することで楽しさや喜びが増したり、不安や苦しみが減ったりします。一人では共感が得られないので、自然と幸福度が下がる傾向

があります。

もちろん誰かと感情や思考を共有しないからといって人間は死ぬわけではありません。むしろ誰かといるときのストレスのほうが大きいという人もいるでしょう。ただずっと一人でいるとどうしても主観的になり、「世の中、こうに決まっている！」という思い込みにとらわれやすくなります。そういう思い込みは、良く言えば自分の個性が強くなる、悪く言えば偏った考えを持つことにもつながるのです。

友だちがいることで、自分にない考え、思いもよらない閃《ひらめ》きと出合えることもあります。そして、人生を変える情報も入ってきます。友だちの紹介がきっかけで新しい仕事に就いたり、人生の伴侶を得たりするのもよく聞く話です。

一方、目の前に友だちがいると、その場の感情や思考に影響されやすくなります。「相手は〇〇と思うだろうから、自分も〇〇と感じる」という影響を善かれ悪しかれ受けやすくなります。

もちろん、勉強や読書、日記を書くなどは一人のほうがはかどります。自分一人の時間も人生において必要なものであり、自己成長のために欠かせません。自己の内面と向き合うことになり、世の中の出来事や自分のあり方をきちんととらえられるようになります。

また、一人のときには自由に将来の夢を描くことができます。現在の社会的評価に縛られず、「起業する」「海外移住する」などの未来に向けたありとあらゆる妄想を膨らませたりもできます。自分一人の時間で、自分の望む姿をしっかりとイメージすることが可能になるのです。

つまり、友だちとの時間も自分一人の時間もどちらも必要で、バランスが大事ということだと思うのです。

「自分らしさ」を書き出してみる

ここで、あなたが自覚している「自分らしさ」を思いつくままに紙に書き出してみてください。このとき、左右に書く欄を分けて、右に「良い自分らしさ」、左に「悪い自分らしさ」というふうに書き出すといいでしょう。

- **良い自分らしさ……**「細かいところに気がつく」「物静かで落ち着いている」「負けず嫌いで粘り強い」「最後まで責任を果たそうとする」「義理と人情を重んじる」など
- **悪い自分らしさ……**「論理的に話せない」「物事を悲観的にとらえる」「周りに流されや

すい」「他人と比較して落ち込む」「正直すぎる（嘘がつけない）」など悪い自分らしさから良い自分らしさに気づくこともあります。「人見知り」を欠点だと思っていたとしても、「慎重に人間関係を深められる」という長所に言い換えることが可能です。

何も思いつかない場合は、「好きなことや得意なこと、大切にしていること（価値観）は何か？」「何をしているときに幸せを感じるのか？」を考えるといいかもしれません。それ自体が良い自分らしさになるからです。「おしゃれや美容にこだわりがある」のであれば、そこから自分らしさのヒントが得られたりします。あるいは身近な人や家族に聞くと、気づかなかった自分らしさがわかることもあるでしょう。

この良い自分らしさ、悪い自分らしさをベースにして、あなたが「もっとどうなりたいか？　どうしたいか？」を考えます。

たとえば、「仕事で達成感を味わいたい」「家族との時間を大切に過ごしたい」「困っている人や苦しんでいる人をサポートしたい」といったことでもかまいません。

さらに、「誰とそれをしたいか？」を具体的に想像していきます。こうすることで、「誰と出会いたいか？」が見えてきます。

私の場合、どうなりたいかというと「友だち、仕事仲間、家族みんなと楽しく過ごす」「世話役として人と人をつないで自分も周りも幸せにする」、そして「小規模でも交流会を定期的に開催する」がやりたいことになります。その結果、出会いたいのは「交流会を一緒に開催し、楽しめる友人」です。

もしもあなたが「自分のペースで働きたいから資格を取って早く独立したい」のであれば、友だちがいることで勉強に集中できなかったり、ストレスを感じたりする可能性があります。その場合は、一人で自己成長し続けるのでも、最初は一人ではじめて途中から友だちと合流するのでもいいのです。

あなたが友だち＝ゆる友が欲しいかどうかは、あくまで今の自分がどう生きたいかで判断することをおすすめします。

POINT

自分がどうなりたいかを考えると、
出会いたい人が見えてくる

2 変わらない日常から抜け出す

無駄な時間を減らす

あなたが人見知りで友だちがいないのであれば、普段の行動を変える必要があるのではないでしょうか？　友だちが欲しいと思うのに、ただ待っていても何もはじまりません。自分から行動を起こさない限り、状況は一向に変わりませんし、ゆる友とも出会えるわけがないと思います。

行動を変える第一歩は、自分の時間の使い方を見直すことです。一日を振り返り、本来の仕事や家族のこと以外に、何に時間を使っているかを紙に書き出してリストをつくってみましょう。

ダラダラ残業、スマホいじり、オンラインゲーム、ＹｏｕＴｕｂｅやＴｉｋＴｏｋの視聴などがリストアップされたとしたら、無駄に使っている時間が意外と多いことに気づくはずです。

とくにスマホ依存が過度になっていると感じたら、注意が必要です。ストレス解消のつもりでも、スマホはずっと見続けてしまいやすく、時間を無駄にしたという罪悪感から、かえって自分を責めることになるかもしれません。

それだけではありません。インターネットやSNSでは嫌なニュースや誹謗《ひぼう》中傷、あるいは他人の〝キラキラ投稿〟が溢《あふ》れていて、スマホからそれが目に入ってくると、自分の感情や思考が好ましくないほうに流されてしまう可能性もあります。

このようなネガティブな感情を抱えていると、行動する意欲がわきにくくなり、何をするにも億劫になるでしょう。そうなると、ゆる友活どころではありません。

ついスマホを見てしまう人は、見る時間を決める、寝る前はスマホにさわらないなど、「デジタルデトックス」を実践してみてください。

一番の時間の無駄といえるのが一人で悶々《もんもん》と悩む時間です。

悩みを解消することは、行動を起こしやすくするためにも必要ですから、そういうときは「散歩する」「ストレッチする」「ウインドウショッピングに行く」などの体を動かすルーティンを決めておくといいと思います。

時間の使い方を見える化した次は、その中で日々の行動の優先順位をつけましょう。このとき、「やらなくていいことはやらない」と決めることで、無駄な時間を減らしやすくなります。

自分らしくいられる場所を持つ

それでも、なかなか普段の行動を変えられない場合はどうするか？

誰でも心が落ち着く場所が一つや二つ思い浮かぶはずです。定期的にそういう場所に移動することによって、悩みやストレスは軽減できますし、そこで前向きな気持ちになれれば、新たな行動ができるようになるでしょう。

たとえば、通勤途中にある静かなカフェ、ホテルのラウンジ、会社や家の近くにある公園、図書館、仕事終わりや休日に行くサウナ、銭湯、リラクゼーションサロン、遠出をして行く登山コースや砂浜海岸など、一人になれてリフレッシュできる場所はたくさんあります。

人それぞれお気に入りの場所があると思いますが、そういうところはその人にとって「自分らしくいられる」という要件を満たすのではないでしょうか？

心が落ち着き自分らしくいられる場所は、一つと言わず複数持っておくのが理想的でしょう。

「そんな場所は見つからない」と思う人も面倒くさがらずに、インターネットで検索して良さそうに感じる場所に足を運んでみることが大切です。自分らしくいられるかどうかは、実際に行ってみないとわからないからです。

心地よさを感じられる場所は必ずあります。もしもピンと来なければ、もう行かなければいいだけです。

自分の心を解放してあげるという意味では、気持ちがすっきりする、体を動かす場所もおすすめです。

音楽が好きなら一人カラオケが手っ取り早いでしょう。大声で歌ったり踊ったりしているうちに、悩みやストレスを吹き飛ばせます。音楽フェスや野外フェスに参加するのもいいかもしれません。

お笑いライブや寄席《よせ》に行くのもいいでしょう。笑うことも体を動かすことと同じです。もちろん悩みやストレスも軽減します。

大事なのは、足を運ぶための自分の時間を確保することです。そのために先にスケジュールを押さえておきます。

今週が無理なら来週、来月でもいいので、今すぐ手帳やスマホに「〇〇へ行く」とメモしてしまいましょう。自分の予定なのでむずかしくなれば、いつでもリスケできるのですから。

たとえ育児や介護で余裕がなくても、予定を決めて配偶者や家族、あるいは第三者に自分の役割を代わりにお願いすることは、時間を確保するためだけでなく、ストレスや疲れをため込まないために必要です。

このように先に予定を決めてしまえば、おのずと時間の使い方が変わり、自分のお気に入りの場所に足を運ぶことで新しい出会いにもつながります。変わらない日常から一歩抜け出すことが、ゆる友活の足がかりになってくれるのです。

POINT

自分の時間を確保して、お気に入りの場所に足を運ぶ

3 趣味に没頭する

趣味を持つメリット

大人になると仕事や家事、育児、介護で忙しく、自分の好きなこと、やりたいことから遠ざかる人は少なくありません。

そこでゆる友活をはじめる準備として、自分の時間を好きなこと、やりたいことに使ってみましょう。その代表格は「趣味」です。

あなたが人見知りなのであれば、どんな分野でもいいので自分が楽しめるものを見つけることです。それがないと、自分の人柄だけで相手に興味を持ってもらわないといけません。

実際、自分の趣味や関心事から相手の共感や好感を得るほうが、コミュニケーションにおいてラクなのです。コミュニケーションが上手な人ほど趣味や関心事をきっかけにして、相手のことを知ったり、自分のことを伝えたりしているものです。

たとえば、釣りが趣味であれば釣りが好きな人と情報交換ができますし、これから釣りをはじめたい人にいろいろ教えることもできます。

本格的な趣味である必要はありませんが、「本が好き」「洋服が好き」「甘いものが好き」など、人それぞれ好きなものは何かしらあるのではないでしょうか？　それを楽しむことで自分自身をより知ることになるし、話題も豊富になるから新しい出会いも増えていくわけです。

これといって自分が楽しめるものが思いつかないのであれば、子どものときの習い事や学生時代の部活動を振り返ってみてください。吹奏楽部は楽器演奏、サッカー部はフットサルなど、「昔取った杵柄《きねづか》」をもう一度磨いてみると、それが一生の趣味になることがあります。

自分の生活に趣味を持つメリットは絶大です。それは息抜きや気分転換にとどまりません。趣味を楽しむことで視野が広がります。趣味を追求することで、なりたい自分になれる可能性も高まるのです。いつしか生き方までも変わっていくのです。

楽しんで続けているうちに、不思議なことにその趣味にふさわしい思考や態度、見た目が身についていきます。たとえば、ヨガをやれば心が穏やかになり、心身ともに健康になりやすく、筋トレや格闘技をやれば精神力が鍛えられ、自信を持ちやすくなるといえます。最初は無理に思えても「継続は力なり」で、地道に行動していけば、なりたい自分に近づいていくことができるのです。

趣味を選ぶ基準

これから新しい趣味をはじめる場合、どんなものがあるのかを広く知ることは大切です。世の中には数えきれないほどの趣味がありますが、筋トレやヨガは健康志向の人たち、資格取得はキャリア志向の人たちというように、趣味によってある程度やっている人の傾向が見られます。そういう意味で、「自分に似たタイプの人がやっている趣味」ははじめやすいといえます。

ただし、趣味を選ぶ基準はあくまで「自分が楽しめるかどうか」です。楽しいかどうかは、実際にやってみないことにはわかりません。

ずっとやってみたかったこと、やったことがないことも思い切ってはじめてみると、まだまだ知らない自分を再発見する体験を得られます。

そのうえで、やっていて楽しいと思えるものに絞り込みます。自分に合わないことを続ける必要はありません。

あえてすすめるとすれば、上達度がわかる、成果物が見える趣味のほうがやりがいがあり、楽しんで続けられると思います。

趣味を続けるには、やはり予定を先に入れてしまうことです。また、趣味をやる場所も重要です。その場所に移動することで気持ちが切り替わり、没頭しやすくなります。さらに道具を揃えるなど、その趣味に投資するともっとやりたくなるものです。

大工のAさん（40代・男性）は近所にキックボクシングジムがオープンしたことをきっかけに、子どもの頃から憧れていたキックボクシングを習いはじめました。

まずはエクササイズ練習生として入会し、サンドバッグを蹴ったりトレーナーとミット打ちをしたりして汗を流しました。ちょっとやんちゃだった小中学生時代の感覚を思い出し、ジムに行くたびにワクワクして、そのうちアマチュアの実践クラスにも参加するようになりました。

Aさんはジムのイベントを通して同世代の40代、50代の男性会員二人と仲良くなります。お互いに連絡先を交換して、後楽園ホールにキックボクシングの試合を一緒に見に行きました。それ以来、三人で格闘技談議をしながらお酒を飲んだり、旅行に出かけたりするようになったのです。

自分が楽しくてのめり込んでいるうちに、会話のとっかかりや話しやすい雰囲気が得られ、友だちができるという典型的なパターンでしょう。

POINT

自分が楽しめる趣味を持つと、新しい出会いにつながることがある

4 身近な人と雑談を交わす

挨拶を習慣づける

人見知りの場合、人づき合いを苦手と感じる以前に、他人に興味が持てなくなっている可能性があります。

この場合、自分自身を知ることがまず重要です。それはあなたのことを相手に知ってもらうためというより、あなたが自分のことに興味を持つためです。自分自身を知らないと他人にも興味を持つのはむずかしくなります。

人間関係が豊かな人は自分のことをよく知っていて、自分を含めた人間全般への好奇心が強い傾向にあります。そして、相手に興味を示すことが自然に身についていることが多いのです。

逆に、他人に興味を持てないだけでなく、自分は何をやってもつまらないと感じていて無気力だったり、ネガティブな感情に支配されていたりする人もいます。何をしていても「何が楽しいかわからない」「いまいちしっくりこない」と感じていて、傍から見て楽しいのかどうかわからないタイプです。

心当たりのある人は、楽しめるものや好きなものを見つけて、まず自分自身に興味を持つことです。それによっておのずと目の前の人に興味を持てるようになります。

自分が相手に興味を示すからこそ、相手からも自分に対して興味を持たれ、血の通ったコミュニケーションが生まれます。これを繰り返すうちに、お互いに好意や信頼感が少しずつ積み重なっていくのです。

では、他人に対する興味をわかりやすく示すものは何か？

それは「挨拶」です。何よりも挨拶を習慣づけることが、ゆる友活をはじめるうえでは最重要課題です。

最初は職場の人など身近な人との挨拶からはじめましょう。そして慣れてきたら、近所の人や、食事や買い物をして顔見知りになった店の人へと挨拶を広げていくことです。

自分から挨拶するときは「おはようございます」「こんにちは」「おつかれさまです」といった定番フレーズで大丈夫です。もちろんにこやかに挨拶します。

ただし、元気が良すぎると相手が引いてしまうかもしれません。適度に力を抜き、さりげなく声をかけたほうが、相手も警戒せずに挨拶を返してくれます。

相手があなたの挨拶を無視しても気にしないことです。相手が気づかなかったり、たまたま挨拶する気分や状況ではなかったりする場合もあるからです。

挨拶に一言を加える

近所の人や店の人と挨拶ができるようになったら、今度は「雑談」です。

いきなり雑談をはじめるのはむずかしいですから、挨拶に一言を加えます。「今日は暑い（寒い）ですね」という天気の話題はやはり鉄板です。

あるいは、「駅前の道路工事、いつ終わるんでしょうね」「商店街に新しいお店がオープンしましたね」という地域の話題も、相手から返しがもらいやすく、自然と話が弾みます。

当たり障りのない世間話ができる関係になったら、そこから徐々にお互いの仕事やプライベートの話につなげられるでしょう。

たとえば、「いつもどのあたりで食事（買い物）するんですか？」という軽い質問をしてみます。このとき、質問攻めにならないように気をつけないと、警戒されてしまうかもしれません。むしろ自分から職場やよく行く店、ハマっていることなどを紹介すれば、相手も安心して答えやすくなります。

相手に興味を持つポイントはいくらでもあります。相手の外見や言動を観察しながら、その人の趣味や得意なことを想像し、相手に質問してみればいいのです。

そうしてお互いの趣味の話題になり、相手の趣味が「登山」の場合は「最近、どこの山へ行かれました？」「どれくらいの頻度で行っています？」というふうに質問していきます。

逆に、相手から自分の好きなことや大事にしていることを聞かれたときは、自慢話にならないように控えめに話します。

雑談が盛り上がらないときは深追いしないこと。話をしていて違和感やストレスを感じたら切り上げて、以降は挨拶だけにとどめてかまいません。相手も同じように違和感を抱いている可能性があるのですから。

誰でも自分の好きなことや大事にしていることに興味を持ってくれる人を好ましく思うものです。雑談で相手の興味を引き出し、関心を示すことです。

そして後日またその話題になったら、このような会話のやりとりができるのが理想的です。

自分「そういえばこの前、教えていただいた秘湯巡りのブログを読みましたよ」

相手「おお、ありがとうございます！」

自分「神奈川の七沢温泉のレポートがすごく良かったです。気になる里山の秘湯ですね」

相手「あの場所、私もすごく好きなんですよ～」

自分「今度家族で行ってみますよ！」

相手が話して気持ち良くなるポイントを探って話を広げて、相手の承認欲求を満たすのです。

「すごいですね！」「さすがですね！」と相手を褒めることを忘れないようにしましょう。

これはゆる友活において身につけておきたいスキルといえます。

POINT

挨拶から雑談につなげて、相手の興味を引き出す

5 自分の中の意外性を見つける

意外性は武器になる

自分がどんな人間かを相手に知ってもらうために意外性のフラグ（目印）を立てるといいでしょう。

「見た目はやさしそうなのに空手がめちゃくちゃ強い」
「公務員なのにＤＪのテクニックがすごい」

このようなギャップは、相手の記憶に残りやすいといえます。

「そんな意外な面があるんだ！　自分にはないすごい才能を持っている！」と一目置かれることがあります。

意外性をアピールすることで、相手にインパクトを与えるだけにとどまらず、共感されて、好感を持たれる可能性も高まります。

銀行勤務のBさん（40代・男性）は色白で物静かなインテリタイプですが、ハワイ発祥のマリンスポーツであるSUP（スタンドアップパドルボード）のYouTube動画を観て、「これなら自分でもできる！」と一念発起し、スクールに通いはじめました。

約2か月後、Bさんはボードの上に立ち、パドルで水面を漕《こ》いで、自由に水上を移動できるようになりました。

それ以来、Bさんは自分で体験会を開いて初心者にやり方を教え、「SUPおじさん」の異名をとるようになりました。

インドアな雰囲気のBさんが意外性のある〝海の男〟の面を持つことで、初対面の人とも話が弾むようになったのです。

意外性のフラグを新しく立てるのもよし、もともとあった意外性をさらに磨くもよしです。

こういうときに大事なのが、意外性のフラグがみんなに魅力を感じてもらえるかどうかです。会話が盛り上がり、心が動いて、人に伝えたくなる内容である必要があります。

心が動いたことは誰かに伝えたくなります。人に伝えて共感してもらいたくなるものです。

自分「最近知り合った人で、山で猟師をやっている人がいるよ」
相手「じゃあ、ジビエを仕入れてもらって、ジビエ鍋をつつきながら猟の話を聞いてみたいなあ」

こういった会話がきっかけで、「今度みんなで会ってみよう、紹介するよ！」という展開につながることもあるのです。

続けている習慣があるか

「自分には何もないなあ……どうすればいいんだろう？」と思う人も、次の方法で意外性のフラグを立てることができます。

それは「習慣の力」です。聞いた人にある程度インパクトを与える習慣を披露してみましょう。

「毎日5キロジョギングしている」
「毎日夜9時に寝て朝3時に起きている」
「毎週遠出して1年間に50回、温泉に入っている」

なぜこれがいいのかというと、理由は二つです。

一つは、その習慣をはじめたきっかけは何か、そして何が得られるかを聞いてみたいと思うのが人間の心理だからです。一つのことを続ける人には何かがあると考えて、それを続けるメリットや、達成感・幸福感について純粋に知りたいと思うのです。

もう一つは、信用が生まれることです。一つのことを続けられるのは意志が強く、精神的にも安定している人であるという証明になります。

ただし、こだわりが強すぎて、偏屈で怒りっぽいイメージを相手に与えてしまうと逆効果になるので注意が必要です。

「私は2日に1冊本を読みます。知識を吸収しない、学びを忘れた人と話すのは時間の無駄。自己成長の足枷《あしかせ》になりますから。一人で読書をしたほうが10倍マシですよ」

そんなセリフを不機嫌そうに口にすれば、人から避けられるのは明白です。

私の場合、キックボクシングの練習やスパーリングを週2回、15年以上続けています。もう50代ですが、10代から30代の上級者とスパーリングします。鼻血が出たり、肋骨《ろっこつ》にひびが入ったり、軽いノックアウト状態にもなったりしますが、動物的本能全開でパンチや蹴りを当てたときの興奮が楽しく、ずっと続けています。

この話をすると「50代なのに!?」「著述業なのに……」と驚かれる、意外性のフラグが立てられるのです。
これを機に、自分自身を振り返ってみてはどうでしょう。意外性のフラグを立てて自分のキャラを確立することができれば、自分の話題が勝手に一人歩きして、さまざまな人から興味や関心を持ってもらいやすくなります。

POINT

意外性のフラグがあると
初対面でも話が弾む

6 昔の友だちに連絡をとってみる

いきなり会おうとしない

人見知りのあなたにとっては、ゆる友をつくることすらハードルが高く感じるかもしれません。

しかし人見知りであっても、昔は仲が良かった友だちが一人や二人いたと思います。ふとしたときにその友だちの状況が知りたい、自分の近況も知らせたいと思うことがあるのではないでしょうか？

この場合、もう会いたくないなら別ですが、なんとなく疎遠になっているだけなら自分から連絡をとってみることで、ゆる友としてつき合いが復活することがあります。

最初の連絡はオンラインが無難です。まず、Ｆａｃｅｂｏｏｋや他のＳＮＳで相手を探してみましょう。相手の連絡先がわからない場合には、共通の知人に尋ねるという方法もあります。

かくいう私も15年間連絡をとっていない友人がいましたが、たまたまFacebookで見つけ、懐かしさもあって自分からメッセージを送りました。さらに友人がバーを経営していることがわかったので、「それなら飲みに行くよ〜」と言って会いに行くことにしました。

久しぶりの再会でしたが、私たちは緊張することもなく、昔の思い出話や近況報告をしながら、友人のバーで楽しい時間を過ごすことができました。これがきっかけになり、友人とは一緒に仕事をする仲になりました。あのとき、思い切って連絡して良かったと心から思います。

気をつけたいのは相手との距離感です。昔の友だちだからといって馴れ馴れしくせずに、丁寧かつ慎重なコミュニケーションを心がけます。

昔の友だちに連絡をとる際は、基本的に敬語を使うのがいいでしょう。タメ口のメールは送らないようにします。

たとえば、何年も会っていない学生時代の友だちにメッセージを送る場合はこんなふうにします。

「突然で驚いたかもしれません。覚えているかどうかわかりませんが、高校で同じ部活だった〇〇です。お元気ですか？　Ｆａｃｅｂｏｏｋで元気そうな顔を見つけてうれしくなり、連絡してみました」

このようなメッセージであれば、もしも相手が覚えていなくても、謙虚な印象を与えられ、はじめから敬遠されることも少ないと思います。

その後、相手も思い出してくれて返事が来ても、すぐに会おうとしてはいけません。ある程度メールなどのテキストでのコミュニケーションを重ねてから、自然な流れで「久しぶりに顔を見て話したくなったよ」というふうにオンラインでのコミュニケーションを持ちかけます。

「仕事の話に関係なく、オンラインで懐かしトークをしようよ！」

いきなり会おうとすると「借金の申し込みか、商品の売り込みかな？」と警戒されるかもしれないからです。そういう意味で、自分が今何の仕事をしているかは事前に伝えておくといいかもしれません。

思い出話、笑える話をする

オンラインで話す際は、昔の楽しかった話をして盛り上がった後に「今は何をしているの？」といった近況報告につなげる流れもおすすめです。

自分「いやあ、あの頃の部活は大変だったけど、今でも鮮明に覚えているよ。初めて県大会に出たときは泣いたなあ〜」

相手「そうだったね」

自分「今、私は〇〇で働いているんだけど、もっぱらサイクリングにハマっているよ。最近どうしているの？」

ようやくここで、「今度は会って話がしたい」と提案します。そうすることで、相手も「損得を考えずに会いたい」という気持ちを抱きやすくなります。

学生時代の友だちには「学校近くの懐かしの店に行こうよ！」と言えば、相手も承諾しやすいと思います。

相手とオンラインにしろ実際に会うにしろ、その場ではネガティブな話は避けるべきです。

恩師や、部活、サークル、合宿、旅行などの思い出話、笑える話はいくらでもあるものです。かつての恋バナもいいでしょう。やさしい気持ちになれます。

過去のトラブルを蒸し返したり、マウントをとったりすることはNG。

昔の友だちと話していると、当時の記憶がよみがえり、時に愚痴や悪口が止まらなくなることがあります。そうなったら話題を変えて、自分も相手も気持ち良く過ごすことを心がけましょう。

もしも別の同級生の話になって盛り上がったら、その人を誘って「プチ同窓会」を企画するのもおすすめです。三人以上で集まる機会をつくることで、一対一の緊張が和らぐというメリットがあります。

POINT

丁寧なメッセージを送り、まずはオンラインでのコミュニケーションをはさむ

7 職場の人を誘ってみる

運良く仲良くなれる人もいる

連絡できる昔の友だちがいなくても、今の職場で雑談ができる人が一人や二人いると思います。彼らを誘って趣味を一緒にやってみると、よりその趣味を楽しめるばかりか、普段は見せない一面をお互いに知ることができて関係が深まり、ゆる友になれるかもしれません。

趣味は一人より誰かと一緒にやったほうがいい場合があります。たとえば、ゴルフがうまくなりたかったら、一緒に打ちっぱなしやラウンドに行ける人がいると練習量が増えるし、努力も続けられます。目標のスコアを達成するまでともに楽しめばいいのです。

さらに職場の人と、あえて職場以外で会うことで心が解放されるものです。仕事と関係なく自分のことを話せる人がいるだけで、出社するのが楽しくなるという思わぬ副産物も生まれます。

ただし、自分が一緒に楽しみたいからといっても、相手にとってもプライベートの時間は大事なので、丁寧かつ慎重に誘うようにしましょう。

まずは自分の趣味や関心事を相手に話しますが、このときに自分ばかり話さず、相手からも聞き出すようにします。

自分がダイエットを成功させたいときは「最近太ってしまって……」と声をかけ、相手が興味を示したら「一緒にダイエットしませんか？」と提案します。そして休日に一緒に野菜料理の店を巡ったり、ウォーキングやハイキングをしたりして、ダイエットに効果的な時間を過ごします。もちろん相手があまり興味を示さなければ、あっさりと話題を変えます。

職場の人と一緒に楽しい時間を過ごせたら、御礼を伝えるメールやＬＩＮＥを送りましょう。当日の写真を添付して送ると、時間を共有したことへのリマインドにもなります。

「今日はありがとうございました。とても楽しかったです。今度はぜひ〇〇にも行ってみましょう」

「次は〇〇部の〇〇さんと三人で〇〇してみるのもいいですね。またよろしくお願いいいたします」

このように未来への提案で、職場の他の人を誘うことを持ちかけてもいいかもしれません。

次回の具体的な提案は積極的になりすぎず、少し間を空けるのがおすすめです。

職場の人とはあくまで仕事を目的としたつながりです。「中には運良く仲良くなれる人もいる」と思っておくくらいがちょうどいいと思います。

相手のやっていることに便乗する

一方、相手の趣味や関心事に共感しているうちに、自分もやってみたくなることがあります。たとえば、「ハーフマラソンにハマっている」「毎日皇居の周りを走っている」と相手が話して、自分も「ダイエットしたい」「人ともつながりたい」と思えるなら「私も参加してみたい」と頼んでみるのもいいでしょう。

もちろん、自分が本当にやりたいことでないなら首を突っ込まないことです。自分が疲れるだけでなく、相手にとってもそれは迷惑です。その場合は「会社の近くで一緒にランチでもしませんか？」と提案し、職場以外でのコミュニケーションを楽しむのが無難といえます。

自分の趣味でなくても、職場にすでにやっている人がいて、それが楽しそうに思えるとしたら便乗させてもらいます。

ただし、上級者から誘われたとしても「私はまったくわからないのでゼロから教えてください」と頼りすぎるのは禁物。あまり相手の負担になりすぎないように配慮しましょう。「事前に準備しておくことはありますか？」というような気づかいは必要です。初心者向けの入門書や解説動画などで最低限の予習をしておきます。

たとえ相手が会社では部下や後輩であっても、教えてくれたことへ感謝し、その道の経験やスキルを称賛して、リスペクトしなければいけません。仕事やスポーツの世界で、自分が弟子となり、師匠の教えを受けるイメージです。

たとえばヨットに誘われ、一度一緒に出かけた場合ですが、解散後の御礼メールはこのようにします。

「今日はいろいろ教えてくださり、ありがとうございました。操船の奥深さ、風や天気を読むことの大切さをまだまだ学びたいです。またぜひお供させてください。今度、ヨットのメンテのときもお声がけください、床をごしごし磨きたいと思います！」

そのコミュニティに集まる人の雰囲気が良く、一緒にやってみて嫌でないなら続けてみましょう。何をやるかも大事ですが、誰とやるかもとても大事なことです。

逆に、自分が上級者で職場の人を誘うようなときが来れば親切に教え、相手が少しでもできたらともに喜び、達成感を味わってもらいましょう。

無理に新しい人と出会おうとしなくても、職場の人と仕事以外のことを一緒に楽しめば、それがゆる友活のきっかけになることもあります。

POINT

職場の人と仕事以外のことを一緒に楽しむ中でゆる友になることがある

第3章

自分の言葉を振り返る

人が離れていくあなたのための「会話術」

1 無意識の癖を甘く見ない

こんな癖は嫌われる

もしもあなた自身、なかなか友だちができない、せっかく知り合えたにもかかわらず人が離れていくと感じているのであれば、多かれ少なかれ、あなたは相手を不快にさせてしまう言動をとっている可能性があります。

心当たりのある人はゆる友活以前に、人を遠ざける言動を見直す必要があります。それはおそらくあなたの無意識の癖になっていることだと思います。

たとえば、人を不快にさせる無意識の癖として次のようなものが挙げられます。

・話が長い

・相手と目を合わせない

・スマホばかり見る
・店員に横柄な態度をとる
・相手を指さす
・貧乏ゆすりをする
・独り言やため息が多い
・食事中にくちゃくちゃと音を立てる

例を挙げればキリがありませんが、これらは自分では「これくらい大丈夫だろう」と都合よく判断してしまいがちなものばかりです。

ちなみに私の癖は、とくにお酒の席で笑いをとるために人をいじってしまうこと、つい調子に乗ってふざけすぎてしまうことです。

かつて、十数年ぶりに会った旧友に対して、昔話をネタにいじったところ、彼を不快にさせてしまいました。共通の友人を含めた三人で飲んでいて酔いも回ってきて、思い出話に花が咲いたときのことでした。

旧友から「昔はみんなでほんとバカやってたよなあ」と話を振られたので、私が「そういえば、〇〇（旧友の名前）は寝ている間に顔に怒りマークと眉毛を描かれて、気づかずそのままコンビニに行ったこともあったね！（笑）」と返したところ、彼とはそれ以来音信不通になってしまいました。

そのときは悪気はなかったのですが、本人にとってはマイナスな記憶を掘り起こされて不快だったのでしょう。彼はもう〝いじられキャラ〟ではなくなっていたのです。

「言っても許される」と思ったら実は許されなかった。「言っていいキャラ、ダメなキャラ」を見極められなかったのは私のミスですが、無意識の癖を直すのは簡単ではありません。

それからは久しぶりに旧友と会うときは悪ノリしすぎないように、この音信不通になった彼の顔を思い出すようにしています。

「絶対にやらないこと」をリスト化する

人に嫌われるような無意識の癖を直すのはむずかしい。では、どうするか？

相手を不快にさせないために「絶対にやらないこと」を普段から決めておくことです。

私の絶対にやらないことは、「いじる」「悪ノリする」以外にもいくつかあります。

・人に変なあだ名をつける（対策：名字で呼ぶ）
・言葉数が多い（対策：間を置く）
・自分の話ばかりする（対策：まず相手の話を聞く）

絶対にやらないことはリスト化して、紙1枚程度にまとめるといいでしょう。常にその「絶対にやらないことリスト」をスマホに保存して持ち歩くと、人と会う前に見返しやすくなります。そして、対策とあわせて思い返すようにしています。

リスト化するには人を不快にさせたと思われる自分の言動を振り返る必要があります。人と会った後、「不快にさせたかも？　その原因は何か？」と反省し、同じ失敗を繰り返さないように日頃から書き留めておく習慣をつけるといいでしょう。

さらに、おそらく自分がその人を不快にさせたことが原因で連絡が来なくなった「音信不通の人リスト」をつくるといいかもしれません。

音信不通の相手を思いながら、そうなった理由を想像して書いてみます。

・**内容が重すぎるメールを送ってしまった**
・**会う約束を2回連続で変更した**
・**お酒を飲みすぎてハメを外してしまった**

あなたが誰かを不快にさせた言動について、他人が指摘してくれることはほぼありません。自分で気づき自覚して、反省していくしかありません。ですから、鏡を見ながら話したり、日記をつけて他人目線で感想を書いたりして、自分自身を客観視することです。

あるいは、癖は子どもの頃から変わらないことが多いので、親やきょうだい、親戚に直接聞いてみると教えてくれるかもしれません。

いずれにしても、絶対にやらないことを自分の心に刻んでおけば、人が離れていくことを未然に防げますし、ゆる友もできやすくなると思います。

POINT

自分の癖を自覚して、ミスを繰り返さないように
あらかじめ対策を立てておく

2 相手を否定しない

いったん相手の話を受け入れる

あなたから人が離れていくのであれば、相手を否定しないことを心がけるべきです。

とくに40代から50代の管理職の中には「ダメ出し」が癖になっている人がいます。その癖がプライベートでも抜けずに、誰に対してもダメ出し口調になってしまい、周りの空気を悪くしています。こういう人は、他人の悪口や愚痴、日頃の嘆き、怒り、偏見、政治批判も頻繁に口にする傾向もあります。

それは「自分が正しい」という思い込みがあり、他人を否定することで自分のアイデンティティを無意識に守ろうとしているからなのかもしれませんが、誰もそのことを指摘してくれません。

絶対に自分が正しいことなど存在しないので、自分が正しいという前提で話さない――

ゆる友活では、まずこの点に気づくことが大切です。

そういった思い込みを捨てていったん相手のことを受け入れてみると、なんとなく話しているその場が楽しく感じるものです。そうすると、あなたには人の話を楽しく聞いてくれる「心地いい人」という印象がつきます。

「なんだ、簡単なことじゃないか」と思ったでしょうか？　でもこれがなかなかむずかしいのです。そこで、せめて否定的な口癖は改善したいものです。

「いや」「でも」「だって」「どうせ」「無理」「できない」「そもそも」「普通は～」「自分なんて」――これらがあなたの口癖になってしまっていたら、次の四つの言葉を代わりに使ってみてください。

- **「いいですね！」**
- **「ありかもですね！」**
- **「楽しそうだね！」**
- **「やってみたらいいよ！」**

会話の中で意識してこれらの言葉を使うようにするだけで、その場の空気が一気に良くなります。

今この場が楽しいかどうか

ゆる友ができるようになるために、さらに普段から肯定的に話すように言葉の選び方を変えていきましょう。次の「×：悪い例」と「○：良い例」を見てください。

×「いや、そうじゃなくて正確には○○だよ」
○「うん、いい！　そういう方向性ね」

相手に反論したくなったときもこう答えます。

×「え、でもそれって○○なんじゃないの？」
○「ありかもですね！　そういうこともあるんだ」

このように会話では肯定的なムードをつくるほうが、本当の意味で〝大人〟といえます。

ひそかにインテリだと自認している人は、相手の言い分をただすようなことはせずに「今この場が楽しいかどうか」を優先してみてください。

どうしても問いただしたいのであれば、冗談っぽく笑顔で言うべきです。そうすれば相手も「そんなことないですよ〜」と軽い口調で答えられます。

そもそも相手は深く考えず、なんとなく言っているだけかもしれません。

絶対に肯定的に話すと決めていれば、「いいこと」が起こります。

たとえば「富士登山」の話題が出て、「今度一緒に富士山に登らない？」と相手から誘われた場合にあなたはどう答えるでしょうか？

✕「富士登山は自分には無理だ。ケガをするかもしれない。行きたくない」
○「楽しそうだね！　安全に富士登山をするには、どんなことに気をつければいいんだろうね？」

相手を肯定したうえで注意点を促し、一拍置いて、参加・不参加の返事ができます。

逆に、自分から誘って相手から否定的な言葉が返ってきたら、「○○すれば大丈夫だよ」「○○ならむずかしくないよ」「○○だと楽しいよ」など、行動の障壁をなくす言葉をかけます。

いくら肯定的な言葉だからといって、表情や声のトーンが伴わないと逆効果になるので、普段から鏡に向かって話しかけてみたり、自分の声を録音して聞いてみたりして、楽しい表情や声のトーンを心がけていきましょう。

「言霊《ことだま》」とはよく言ったもので、口に出す言葉は、その人の生き方、魂まで変えてくれます。言葉に引っ張られて、前向きな姿勢、楽しげな顔つき、柔らかな物腰、やさしい声にどんどん変わっていきます。それにつれて、ゆる友もできるようになると思います。

POINT

「自分が正しい」という思い込みを捨て、肯定的な言葉を使う

3 意見の対立を避ける

断定的に主張しない

あなたの自己主張が強すぎる場合、意見を通そうとすればするほど、それを聞かされた人は離れていくものです。相手はあなたに尊重されていないと感じ、不快感を覚えるからです。

たとえこちらに「もっとわかり合いたい」という気持ちがあったとしても、相手はその場から逃げ出したいと思ってしまうでしょう。

実際に意見の対立で議論になり、「もうこの人とは関わりたくない」と感じた経験は誰にでもあるはずです。そんな人とは仲良くする気になれないし、ゆる友になりたくないと思うのではないでしょうか？

とくに仕事ではないプライベートの場では、お互いに意見がぶつかり、どちらが正しいかを競うことは敬遠したいところです。

相手を不快にさせない言い方で、自分の意見を伝えるにはどうしたらいいか？

それは断定的に主張しないことです。具体的には断定することなく、「『かもね』の余白」をつくることだと思います。

相手「会社を辞めようかと思っていて……」
自分「おお！　そうなの？　新しい門出だね！」
相手「やりたいことがあるのに、やらないと後悔するからね」
自分「たしかに、やりたいことで生活できたらいいね！」
相手「私はいけると思うけど……」
自分「まずは副業で何かはじめて、半年様子を見て退職を考えるのがいいなあって自分は思うけど、どうなんだろうね？」

この場合、「会社を辞めないほうがいい」と断定せず、「自分は○○と思うが、どうなんだろう？」、もっと言うと「あなたはどう思う？（and you？）」の問いかけを加えています。これが「『かもね』の余白」です。

あなたがどんなに信じていることでも、絶対に自分が正しいことなど存在しないという客観的に見る目を持ち、相手の意見を受け入れながら、物事を冷静かつ俯瞰《ふかん》的に見て、自分が正しいという前提で話さないことを意識しましょう。

相手の意見を肯定できない場合は「〇〇な気がします」「〇〇だと感じます」「へえ、そういう例もあるんですね」というように、言い切らないことで対立や衝突は避けられます。

たとえば、相手が「先日の〇〇町のお祭り、とても盛り上がりましたね〜」と話し、あなたが参加してみてそう感じなかったとしても「派手な衣装を着た人を見かけましたね！」などとぼやかすのが正解です。「いやあ、盛り上がらなかったでしょ」と答えるのはNGです。

百歩譲って反対の意見を言い切るとしても、笑顔で言えば、相手にも「それもありですね」と思ってもらえる可能性があります。

無意識の決めつけ、押しつけに注意

対立や衝突を招かないために気をつけたいのは、無意識の決めつけや、押しつけをしないことです。

最近、大手企業でシステムエンジニアをしている友人からこんな相談を受けました。彼は事務機器販売会社で営業をしている友人に「あまり自分の意見を押しつけないでくれないか」と言われ、それから疎遠になってしまったというのです。

実は私はあまり驚きませんでした。「あ〜、なるほど。やはりか……」と思ったのです。技術職の彼は営業職の友人と会うたびに、手に職をつけることの大切さを説いていました。それは友だちの将来を思ってのことですが、言われる側からすれば、自分がダメな人間だと言われているように感じてしまったようです。

他にも、以前こんな人に会いました。旧友との集まりで、最近夢中になっていることを報告し合い、盛り上がっていたときのことです。

一人が「東京マラソンに出るためにトレーニングをしている」と報告しました。するともう一人が「何でマラソンをやっているの？　この年になったら絶対に危ないよ。マラソンは心臓に悪いし、突然死するかもしれないよ」と言い切ったのです。

実際に相手の健康面に不安があるなら別ですが、好きでやっていることをよく事情も知らず、本人に確認もしないで「こうだ」と決めつけたり押しつけたりすると、「つき合いたくない人」とみなされます。

その後、この否定的に言い切る人に周囲の人があまり声をかけなくなったのは言うまでもありません。一般的な友だち関係ではそのミスを指摘されることはなく、たいていは「次がない」という状態になり、関係が突然終わってしまいます。

「絶対〇〇すべきだよ」と決めつけてはいけません。たとえ相手のためを思っていたとしても「意見を押しつけられている」という印象を相手に与えるからです。その結果、人が離れていってしまうので、ゆる友活ではマイナスにしかならないのです。

POINT

自分の意見を伝えたいときは言い切らず、「『かもね』の余白」をつくる

4 マウントをとらない

相手を尊重する気持ちを持つ

普段の会話でマウントをとる人からも、人は離れていきます。マウントをとるというのは、相手に対して自分のほうが上だとアピールすることですが、一方でそれは無意識であっても「自分は優れていると認めてもらいたい」という気持ちの表れだったりします。

また、本当は認めてほしいにもかかわらず自信が持てないでいるために、相手を下げることで自分を優位に見せようとしている可能性があります。あるいは正義感への執着が強すぎる場合もあります。

とにかく自分を他人に認めてもらいたいので、こういう人は自慢話やウンチクが長くなりがちです。

マウントをとると、当然周りからは嫌われるでしょう。それを回避するためには、相手を尊重する気持ちを持つことです。

自分のことはさておいて、目の前の相手の優れた点に共感するのです。相手の良いところを見つければ、おのずとそれに共感して褒める言葉が出てくると思います。

「○○さんは仕事でずっとキャリアを積んでこられて、たくさんの成果を出して、背負うものもすごいですし、大変だと思います」

「○○さんはいつもおしゃれでセンスがいいし、やりたいことに挑戦しているから若々しくて、会うたびにパワーをもらいます」

このように言われたら相手は気分がいいでしょうし、言った自分もいい気分でいられます。

もちろん嘘は良くありません。疲れて機嫌が悪くピリピリしている人に「いつもおおらかで、ほんとやさしいですよね」と言うと嫌味に聞こえます。

気をつけたいのが、相手の今の状態を否定しないこと。相手はあなたにマウントをとられたと誤解してしまいます。

たとえば、手料理を振る舞うホームパーティーを開いている人に、「ケータリングを頼んだほうがラクじゃない？　手づくりって効率が悪いよね？　毎回大変じゃない？　私ならそうするかも」とつい言ってしまったらどうなるでしょうか？

その人が効率より、自分で料理をすることに幸福感を求めていたなら不快に思うでしょう。

「〇〇さんの手料理、いつもおいしいよね！ 何か手伝うことある？ 少しでもラクになってほしいなって！」

このように提案するのが、相手への尊敬を含んだ言葉のかけ方です。

誤解を与えない伝え方

あなたが知らず知らずのうちに誤解を与えないためにも、常に相手が大切にしていることに気づいて自分の思いを言葉にするように心がけましょう。

そこで、「×：悪い例」と「〇：良い例」をご紹介します。

×「ちょっとくらい贅沢したっていいんじゃない？」

〇「ここ最近、お互いにがんばったから、何か最高に楽しいことを企画しない？」

悪い例では、相手が貯金や収入がある前提で言っていますが、実際はお金がなくて苦しいかもしれません。「それくらい払えないのか？（ダメじゃないか？）」と聞こえて不愉快になることがあります。

良い例は「お互いに」というところがポイントです。同じ目線で、肩を叩き合いながらリフレッシュしようというニュアンスが伝わります。

✕「早く成功してね！」

○「この後もさらに成功（活躍）するよ！」

悪い例では、自分は応援しているつもりでも、相手は「今がダメ」と言われたような気持ちになるかもしれません。必死の努力と多少の成功の矜持《きょうじ》があるかもしれないのに、それを無視したようなセリフを聞くと、嫌な気分になることがあります。

一方、良い例では「今でも十分、努力もしているし成果も上げている。でも、もっとすごいことになるはず！」という思いを込めて相手に伝えています。まだ成果があまり出ていなければ、「成功」ではなく「活躍」という言葉に差し替えてみましょう。

×「早くいい人見つけないと！」

○「これから、新しく出会える楽しみがあるって、うらやましい！」

悪い例では、相手は「モテなくてかわいそう！」とバカにされた気分になるかもしれません。自分はその人のことを思い、励ましていたとしてもです。必死に婚活しているにもかかわらず、いい出会いがないのかもしれません。

良い例は、相手がこれから感じる喜びや幸せにフォーカスしています。これによって相手は未来に希望を抱けるのではないでしょうか？

ちょっとしたことですが、相手の受け取り方はこのように大きく変わるのです。

POINT

相手の良いところを見つけ、褒めてから提案する

5 感情を暴走させない

言いすぎる前に深呼吸

ゆる友活において、一度でも「この人は怒りっぽい、すぐ感情的になる人だ」とみなされると、人は簡単に離れていき、ゆる友はできにくくなります。感情を暴走させることは必ず避けなければいけません。

私の経験上、感情的になりやすい人は「自分が正しい」という思い込みを持っているように見えます。あるいは「完璧主義」「自己中心的」「負けず嫌い」という性格からか、「違うな」と思うとそれが許せなくなるのでしょう。

そしてすぐに何か言わないと気が済まなくなる傾向があります。

会う約束をしていたのに、ドタキャンの憂き目に遭ったとすると「連絡もなしに約束を破るのは人として駄目でしょ?」と怒りを爆発させ、語気を強めて詰問するだけでなく、

「いい年してダサすぎる。大人になりきれていないんじゃないの？」などの余計な一言も発してしまいがちです。

もしも相手が急病だったり、大怪我をしていたり、仕事でトラブルに巻き込まれ、おまけにスマホの電源が切れてしまって連絡ができなかったりしたときにこのような言葉をかけられたら、どう感じるでしょうか？

「この先も同じようなことで怒りを爆発させてくるのでは？」という猜疑心《さいぎしん》が生まれ、距離を置かれてしまいます。

挙げ句の果てには「バカ」「要領が悪い」「育ちが悪い」と冗談に聞こえない、人格を否定する発言をされたら、「二度と関わりたくない」と相手が思うのも当然です。

ほんの少し怒りを抑えられなかったために人を遠ざけてしまうのです。

これを回避するには、まずは感情的な言葉を出さないことです。では、どうすればいいか？

効果があるのはその場で深呼吸することです。数秒我慢して冷静になれば、「どうしたの？　何かあったの？」という相手を思いやる言葉が先に出てくるものです。

相手に言うべきことを言わなければいけないときも、あくまでも事実を伝えるだけにとどめます。

「このまま約束が守られないことが続くのは、お互いにとって良くないね」

こう言えば、お互いに話し合うことによって問題を解決しようとする意志が生まれます。

どうしても怒りが収まらないのであれば、その場からいったん離れてしまいましょう。言いすぎてしまわないためには、これが一番手っ取り早くて効果があります。

不規則な生活をしていないか

感情のコントロールはむずかしいものです。いつも心が落ち着いている状態が理想的ですが、それができれば誰も苦労はしません。

つい感情的になってしまう人は、疲れやストレスをため込まない生活を心がけましょう。疲れやストレスがたまるとそれが怒りやイライラとなり、他人にぶつけてしまいやすくなるからです。

そこで、自分なりのストレス解消法を見つけましょう。何をすればいいかわからない場合は、ストレスを解消する起点《トリガー》をつくることをおすすめします。

「スポーツジムに行く」「サウナに行く」「マッサージに行く」「映画を観る」などの自分

が楽しくなるルーティンを決めておくのです。ルーティンにすることで定型化され、すばやくストレスを解消できます。

また、こうしたルーティンをあらかじめ生活に組み込んでおけば、ストレスをため込む前に解消できますし、心が落ち着いている状態をキープしやすくなると思います。

意外と忘れがちなのが「睡眠」です。睡眠が十分にとれていないと疲れを解消できず、イライラしやすく、怒りっぽくなります。

睡眠時間を確保するのはもちろん、睡眠の質を上げることも考えなければいけません。

朝日を浴びたり、軽い運動やストレッチをしたり、散歩したりするだけでも睡眠の質が上がるという効果が期待できます。

その他、夕食は軽めにする、入浴はシャワーで済まさず湯船に浸《つ》かる、寝る前はアルコールやカフェインを控えるなど、睡眠の質を上げるためにやれることはいろいろあるものです。

不眠、夜更かし、二度寝、寝酒・深酒、休日は家でずっとゴロゴロしている、夕方まで寝ているなど、心当たりがあるならそれが自分の感情に悪影響を及ぼしている可能性があります。

感情を暴走させれば、人が離れていくのは当たり前。人とうまくつき合うために、普段の生活を見直すことも必要でしょう。

POINT

感情的にならないために、規則正しい生活で心を整える

6 受け上手になる

話の間に〝合いの手〟を入れる

相手がまだ話しているのに、自分の話に持っていく会話泥棒をする人は、相手に嫌われてしまうものです。

話が長い人も同様です。相手はその独善的な会話につき合わされて、「なぜ自分だけがこの人のおもてなしをしなければいけないのか?」という気持ちになります。

逆に、会話上手な人は相手の話に興味を持ち、そこを深掘りして話を広げます。こういう人は相手の言葉を受け止めて理解してから、自分の気持ちを乗せた言葉を投げ返すことができる受け上手といえます。

人は誰でも自分の言葉を受け止めてくれた相手に対して親近感を抱きます。

「おお……そうなんだね……大変だったねえ……」

こんなふうに共感してもらえたら、安心したりうれしくなったりしませんか？
受け上手な人には次のような言葉が多く見られます。

- **「あ、そうなんだ、面白いね」**
- **「それは興味深いね、どういうことか教えて」**
- **「へえ、そんな世界があるのか」**
- **「それは考え深いね」**
- **「ほんとに苦労したんだね」**
- **「いや、それは尊敬するよ」**
- **「やってみたいな」**
- **「この前はありがとう（おつかれさま）」**

これらの言葉の共通点にお気づきでしょうか？　相手が前のめりになって話したくなる〝合いの手〟だということです。「あなたはいるだけで素晴らしいし、大事な存在だと思っている」という気持ちが相手に伝わります。

こうした言葉を暗記して口にするだけで、相手がよっぽどのひねくれ者でない限り、あなたは「感じのいい人」になります。

話し上手で饒舌《じょうぜつ》なキャラと自覚しているにもかかわらず、人が離れていく人は、だいたいこの〝受け〟を無視していることが多いのです。相手が考えたいときや話したいときに、自分の言葉をはさんだりかぶせたりして話題を奪うというミスを、知らないうちに繰り返している可能性があります。

会話に詰まったときでも、無理に間を埋めようとする必要はありません。焦って間を埋めようとすればするほど不自然になる場合があります。そうなると「落ち着きがない人」と思われかねません。沈黙は恐るるに足らず。あえて間を置くほうがいいのです。

実は、間を置けないのには理由があります。それは自分の承認欲求が強すぎるからだと思います。でも、話している相手もあなたに承認してほしいのです。ですから、会話では「自分半分、相手半分」を心がけましょう。

会話の返し方も重要

会話の返し方も大切です。あなたが話を聞いているようでも、ちっとも理解していなかったり、返事に感情がこもっていなかったりすると、相手は的外れな返し方、あるいは空気を読まない返し方をされたと不快に思ってしまいます。

挙げ句の果てには「お調子者で浅はかな人」「心ここにあらずな人」「自分の承認欲求を満たすだけの人」と認識されてしまいます。

そうならないように、次のような会話をします。

自分「お久しぶりです！」

相手「どうもどうも」

自分「相変わらず元気そうで！　最近どうですか？」

相手「おかげさまで元気です。そういえば今、渓流釣りにハマっていまして」

自分「おお！　どんなのが釣れるんですか？」（ここで「ああ、私は逆で、最近もっぱら海ですよ～。ウインドサーフィンしています。海はいいですよ～」などと言ってはいけません）

相手「もっぱらヤマメ狙いです！」

自分「夏の川魚はおいしいらしいですね～」（相手の話を受けて、さらに話を広げます）

このような会話は実は簡単です。リポーターや司会者になったつもりで、相手の興味を引き出しながら会話のキャッチボールをすればいいからです。

質問によって相手の話を広げて、感心したり、驚いたり、疑問を持ったりするだけでなく、速い間合い、遅い間合いを取り入れながらキャッチボールのように会話してみましょう。

自分の話をするのは、その後です。中には根掘り葉掘り自分のことを聞かれたくない人もいるでしょうから、会話に詰まったときは質問をストップして自分の話をすればいいと思います。

ゆる友活においては、受け上手の人はとても有利です。ゆる友もできやすいのです。

POINT

リポーターや司会者のように質問して、さらに話を広げる

7 誰も傷つかない話のネタを持つ

ネガティブな話は禁句

相手を不快にさせない話のネタを選ぶことも、話を弾ませるためには必要です。ゆる友活ではネガティブな話は禁句です。初対面の場合、天気やニュースの話は定番ですが、天変地異、戦争・テロ、有名人への誹謗中傷などをしつこく話すと印象が悪くなります。また、政治や宗教の話もタブーです。意見の対立や衝突を起こしかねません。

ついやってしまいがちなのが見た目の話です。「痩せていていいですね」と褒めたつもりで言ったとしても、相手は太れなくて気にしている場合もありますし、「疲れていますよね」と心配したつもりで聞いたとしても、「そう見えるのか」と落ち込んでしまう場合もあります。

誰かと仲良くなりたい、ゆる友になりたいと思うのであれば、「誰も傷つかない話」を心がけたいものです。

では、どんな話のネタがいいのか？　相手のことを知るためにも、次の五つを話のネタとして押さえておくといいと思います。

- **近況報告……**「先週、山登りに行った」「先月、転職した」など
- **地元の話……**「おすすめの名所がある」「自分の出身地の方言では○○と言う」など
- **健康の話……**「最近お酒をやめた」「筋トレをはじめた」など
- **好きな食べ物の話……**「カレー屋巡りをしている」「和スイーツに目がない」など
- **最近ハマっている番組の話……**「海外ドラマを観ている」「犬の動画がかわいい」など

もちろん仕事や趣味の話もお互いを知るうえではいいのですが、自分から話すときは長くならないようにします。

とくに自分や家族が成功した話は自慢に聞こえることがあるので、「会社で昇進した」「難関校に合格した」ではなく、「顧客から実績が認められ、感謝の言葉をもらった」「先生や仲間に恵まれ、周りの支えがあったから努力できた」というような感動的な話に置き

換えるといいでしょう。相手が興味を示さなかったらすみやかに話題を変えます。

ここで話のネタに困ったからといって焦ることはありません。話す内容よりも笑顔で話を終わらせるほうが重要です。むしろ、話があちこち飛んでしゃべり続けると聞いている相手は疲れてしまうので逆効果です。

息苦しくならないための工夫

大人になると「年相応の話をしなければいけない」という気負い、あるいは「自分の知的レベルが高いことを証明したい」という承認欲求から、その場を楽しむ感覚が薄れてしまうことがあります。会話が真面目一辺倒になり、息苦しくなってしまうのです。これでは楽しくないですね。

そこで私が見つけた方策は、「自分の失敗談」を会話中に入れることです。

「先日、終電で寝過ごして終点まで行っちゃったんです。タクシー代が2万円くらいかかっちゃいました（笑）」

「昨日は慌ててコンビニにパジャマのまま行っちゃったんです。ほんとヤバいですよね（笑）」

失敗談は盛り上がりますし、自分の弱みを見せることでみんなが安心します。息苦しくなる前に、あえて場の空気をゆるめるということです。

知的で真面目な話の前後に適宜、失敗談をさらりとはさみ込むことで閉塞感を和らげることができます。相手を楽しませるために、失敗談はあらかじめいくつかストックしておくといいでしょう。

自分の失敗談が思いつかなければ、実際に見かけたりニュースで知ったりした出来事を話題にして、誰も傷つかない笑いを誘えばいいのではないでしょうか？ 「そういえばこんなこともあったよ」と小さな勘違いや発見について話してみましょう。

少し高度なテクニックですが、失敗談を「自虐ネタ」として使えるとさらに盛り上がると思います。

「この前、店でラーメンを注文したら、頼んでもいないのに大盛りが出てきたのよ……ダイエットしているんだけどな？（笑）」

「最近、旅行先で娘から視界に入るなって怒られたんです！ 景観が損なわれるからだとか……ひどいですよね？（笑）」

ただし、自分のことでも見た目に関する直接的な表現は、周りが反応に困る場合もあるので控えましょう。

当たり前ですが、真剣な話をしている最中は避けるべきです。失敗談を楽しめない状況もあるので、くれぐれもタイミングには注意してください。

若い頃はどうでもいいことで笑い合っていたはずです。くだらない話題なのに、笑いのツボにはまり、そのことが一生の思い出になっていることもあります。

ゆる友活では、ゆるくふざけることも大事だと思うのです。

POINT

真面目一辺倒にならないように笑える失敗談で場を和ませる

8 相手を楽しませて自分も楽しむ

自分の気持ちを言葉にする

人が離れていかないために会話中に気をつけたいことがあります。

それは、相手がどんな心の状態になったら楽しいのかを想像して、自分自身も楽しむということです。

そこで相手が「楽しい」と感じてくれる簡単な方法を紹介したいと思います。

自分が相手といて楽しいという気持ちを素直に言葉にするのです。

「一緒にいて楽しい」

そう口にするだけで「あなたは私の心を躍らせてくれる、魅力的で素晴らしい存在なのですよ」ということが相手に伝わります。

友だち関係を楽しむのは、心の満足感・幸福感を得るためです。そのときに自分だけが楽しいのではなく、相手も楽しいことがわかれば喜びは倍増します。楽しいというエネルギーが相乗効果でより高まるからです。

たとえば、旧友と会うときはこんなふうに会話のキャッチボールをしてみましょう。

自分「お久しぶり！　今日は楽しみにしていたんだよ！」

相手「お〜、2か月ぶりくらいかな？」

自分「しかし前回は、たくさん笑ったね〜」

相手「たしかに、盛り上がったね」

自分「〇〇（相手の名前）と一緒にいると楽しすぎて、もう現実を忘れてしまって危ないよ！」

相手「現実に戻るのに時間がかかる（笑）」

自分「いやあ、それが悩みの種（笑）」

「一緒にいて楽しい」というフレーズは、友だち関係における最高のギフトです。

過去でも未来でもなく、今この瞬間を楽しいと感じている事実を伝えることは、友情の火に薪《まき》をくべる行為でもあります。こういう瞬間があるからこそ、友だち関係が未来へ続いていくのだと思います。

〝ゆるい約束〟をする

ここでさらに、未来のワクワクする〝ゆるい約束〟をすることで、友だち関係は続いていきます。

実際に会ってその場が盛り上がれば、双方ともまた会って話したいと思うのは自然なことです。話の途中でそう感じたら、自分から言葉にして相手に伝えることが大切です。

「3か月後に近況報告会をやろう！」

「夏に海でビールでも飲もう！」

「来年になったら新年会をやろう！」

「1年後の今日、また夢を語ろう！」

こんなふうに、思い立ったらすぐに伝えたほうが気持ちが乗って、相手の心に響いて伝わります。

もちろん別れ際にもう一度伝えると効果的です。さらに別れた後のメールやＬＩＮＥでも伝えるといいでしょう。

実現できるかどうかではなく、「会えたらいいね」くらいの感覚で投げかけることがポイントです。

「絶対！」とか「約束したから！」とかいった確約の言葉は不要です。無理に近い日程で約束する必要もありません。実現させるのがむずかしいですし、それよりもお互いに時間ができそうな時期、あえて少し先の日程を選ぶほうが、その日が来るのを楽しみに待ちながら過ごすことができます。

みんな忙しいですし、予定の変更もしやすい少し先の日程が現実的なのです。

そして、〝ゆるい約束〟に関する情報をメールやＬＩＮＥで送り合えると、次に会うときまで友情を温められます。

たとえば、次に会う場所や一緒に行きたい場所を共有します。行きつけの店や新しくオープンした店、海の家、ビーチサイドのバー、ホテルのレストラン、思い出の店などをシェアすれば、「ここ、いいよね？」「行ってみたいね！」というふうにその日の場所を決めることができます。

時にお互いのキャリアや健康問題、同世代で活躍している人などの関連ニュースや記事を「こんな情報があったよ！」とシェアするのもいいでしょう。次に会うときの盛り上がれる話題としても活用できます。

このように時間の経過とともに、気持ちが上がる状況をつくっていきます。
会えない間はそれぞれ、お互いの人生を歩んでいます。会えない間も相手を思い出すことによって、自分の心に再びやさしい火が灯《とも》る瞬間が生まれるのです。

POINT

会っているときは自分の気持ちを直接伝え、会えない間はオンラインで情報共有する

9 相手と深い話をするにはコツがある

自分から悩みや夢を話す

いつも浅い話で終わるより深い話もできたほうが、ゆる友活はうまくいきます。人間は誰しも解決したい悩みを何かしら抱えています。ですが、悩みを人には話さないという人は意外と多くいます。誰かといるときくらいは悩みを忘れたくて、逆に何でもないフリをしてしまうのです。

「最近の悩みは？」と単刀直入に聞くこともできなくはないですが、ストレートすぎると相手の自尊心を傷つけてしまうことにもなりかねません。

悩みを聞き出すのはなかなかむずかしいもの。とまどったときは自分の悩みを先に相手に話してしまいます。「今はこんなことに悩んでいる」「もっとこうしたい、こうなりたい」ということをあえて自分から言葉にしてみるのです。

このとき、話が長くなったり重くなったりしてはいけません。相手がさらりと聞いて、さらりと答えられるように話します。

自分「最近オーバーワークが悩みで、プライベートの時間が全然ないんだよね。どうしたらいいんだろう……」

相手「そうだね、信頼できる外注先を探して頼んでみるのがいいのかもね」

自分「そっか、ありがとう。そうしてみるよ！　○○さん（相手の名前）は順調そうだね？」

相手「いや、実は上司からのパワハラが強くて、転職したいんだよね……」

このように自己開示をきっかけに、自然に相手から話を引き出し、少しずつ悩みを話しやすい空気をつくっていきます。

気をつけたいのは、単なる愚痴大会になってはいけないということです。くだを巻くだけにならないように時間を区切ります。

もっと深い話をするために、相手の夢ややりたいことを聞き出すという方法があります。

しかしこの場合、「相手が夢ややりたいことを持っているという前提」で聞いてはいけません。

世の中には夢ややりたいことがない人もいるからです。そのような人は「何かやってみたいことは？　夢はないの？」と聞かれたとたん、詰問されているような気分になり、とまどってしまいます。

夢ややりたいことを話題にする場合も、自己開示からはじめることが必要でしょう。そしてあなたの夢ややりたいことがどうすればかなうかを一緒に考えてもらえばいいのです。そのうちに、相手も夢を打ち明けてくれたり、やりたいことが見つかるかもしれません。

夢ややりたいことについての相手との会話では、間違っても「その実現にはこんなリスクが……」と否定から入らないようにします。何をやるにもリスクはつきもの。まずは前向きな話をしてからリスクを減らす話をするようにします。

また、「さらにこうしたら良くなるかもしれないですね」「いいところがあったら使ってください」と相手にアイディアをプレゼントすると話が広がります。

良かれと思ってアイディアをプレゼントしたつもりが、相手が不機嫌になったり反応が悪くなったりすることがあります。そんなときは少し押しつけがましくなっていないか、自分でチェックしてみてください。

「自分はこう思うけど、どうかな？」くらいにしておくのが賢明です。自分のほうが経験があって、頭もいいんだという前提で話すと、相手が不快になってしまいます。相手が素直に受け入れてくれればいいのですが、その人も自信を持っている場合は逆効果になります。謙虚にアイディアをプレゼントするのがいいでしょう。

無形のギフトを交換する

ここで大切なことがあります。それはあなたも相手からアイディアを受け取るということです。その人の知識や経験によって、より良く生きるためのアイディアを膨らませてもらうのです。あなたの知りたいことが相手の得意分野でなかったとしても、一般的な意見、感想はもらえますよね。

得意先に対してホームパーティー風の食事会を開いておもてなしをしようとしていた人が「何か盛り上げるためのいいアイディアはないかな?」と飲食店勤務の友人に尋ねたところ、その友人から「いろいろなネーミングのカクテルメニューをつくり、その場でシェイクして振る舞う」というアイディアが得られました。バーテンダー経験もある友人ならではの発想でした。

もちろん、こうしたアイディアを参考にして実際に動くかどうかを決めるのはあなた自身です。それでも相手のアイディアはありがたく受け取り、選択肢に加えておくことです。お互いに、より良く生きるアイディアを贈り合いましょう。高価なものをプレゼントしたり、食事をごちそうしたりする必要はないのです。

相手の悩みに手を差し伸べる、寄り添う姿勢を見せる、相手の夢をかなえるアシストをする、アイディアをプレゼントする――そういった無形のギフト交換で十分です。

より良い人生になれば、お互いにうれしいし、相手からも感謝され、幸せが2倍になるのですから。ゆる友活では一方的に自分がやってあげるだけでも、逆にやってもらうだけでもダメなのです。

POINT

悩みを打ち明け、夢を語り、より良く生きるアイディアを贈り合う

第4章

新しい環境に飛び込む

出会いがないあなたのための「つながり術」

1 待っているだけでは出会えない！

趣味や関心事からコミュニティを探す

毎日家と会社の往復ばかりしていて、職場の人や家族以外と接することが少ないあなたがゆる友をつくりたいのであれば、待っているだけの生活から一歩抜け出すことです。ただでさえ日常に流されてしまいがちなのですから、常に小さな行動を起こすことを心がける必要があります。

そのために、勇気を出して自分から新しい人と出会える場所＝コミュニティに出かけることが重要です。ゆる友と出会えそうなコミュニティの情報を、インターネットやＳＮＳ、知人の口コミなどから入手しましょう。

ゆる友活では、自分の趣味や関心事からコミュニティを探すことがポイントです。忙しい合間を縫って活動するのですから、自分が楽しいと思えるテーマを選んだほうがやる気を継続できます。そして、新しく出会った人と自然と仲良くなるために趣味や関心事が役に立つからです。

大人になると必要以上にプライベートに踏み込まないというマナーが染みつくもの。初対面の人に対しては「あまり馴れ馴れしいのも失礼だし……」と遠慮が出てしまい、気安く話しかけにくいものです。さらに連絡先を交換したり、次に会う機会をとりつけたりする際には、心理的な壁が立ちはだかります。ですが、共通の趣味や関心事があればこの壁を乗り越えやすくなります。コミュニティ内でその趣味や関心事を一緒に楽しむ中で、自然と仲良くなれるのです。

働き盛りにおいては年齢や職業、社会的立場などでつき合う人を選ぶ傾向が強まります。あるべき自分にふさわしい思考や言動を維持しながら、心理的安全性を保ちたいという欲求が高まり、自分のアイデンティティが崩されてストレスを感じるのを避けたいと思うようになるのです。

趣味や関心事のコミュニティ内では、お互いの「アイデンティティ崩壊事故」のリスクが格段に下がります。あくまで趣味や関心事を楽しむことが目的で、年齢や職業、社会的立場などは〝ついで〟になるからです。一緒にいても、お互いのマイナス面や価値観の違いが見えにくくなります。

無理に多くの人と仲良くなる必要はありませんが、大人にとって趣味や関心事のコミュニティはストレスなく人と出会える場所であり、ゆる友の輪もおのずと広がっていきます。コミュニティ内でゆる友を複数つくれば、関係のマンネリ化を防ぐことにもつながります。

トライ&エラーを繰り返す

グルメ系Webメディアで働くCさん（50代・女性）は、学生時代の友だちに低山ハイクに誘われたことがきっかけで登山に興味を持ちました。子どもの手が離れ、自分の健康のことも考えはじめたCさんは登山を趣味にしたいと思いましたが、いつも学生時代の友だちがつき合ってくれるとは限りません。Cさんは学生時代の友だち以外、一緒に山に登ってくれる人が見つからず、悶々としていました。

そこで、Cさんはインターネットで誰でも参加できる山岳サークルを見つけて入会しました。一人での参加は少し不安でしたが、登山を楽しむ中でみんなとすぐに打ち解けることができました。とくに同世代で同性のメンバー二人と意気投合。Cさんら三人は登山以外でもたびたび集まってランチやお茶を楽しむ仲になりました。

趣味や関心事のコミュニティといっても、そこが自分にとって楽しめる場所であることが不可欠です。結局、自分が楽しめるかどうかは、そのコミュニティに集まる人たちと一緒にいて心地いいと思えるかどうかです。

たとえば、物静かな人が元気が良くて〝陽キャ〟すぎる人が集まるコミュニティに参加した場合、その場所が心地いいと思えないのではないでしょうか？「なんとなく合わない」「雰囲気が苦手だ」「なぜか疲れる、イライラする」「嫌じゃないが楽しくない」というように感じるはずです。

自分にとって心地いいコミュニティかどうかは実際に参加してみないとわかりません。今やインターネットやＳＮＳで誰でも参加できるコミュニティを探すことは容易なのですから、少しでも気になるコミュニティがあれば足を運んでみることです。

もしも参加して違和感を覚えたら途中で帰ってもいいのです。「緊急の仕事が入ってしまって……」「ちょっと体調が悪いので……」など、帰るための理由はいくらでも考えられます。

私もあるボランティアに参加したときに「もう二度と行かない！」と思ったことがあります。そこにいる人たちと性格も価値観も合わないばかりか、嫌味や攻撃的な言葉を投げかけられ、一触即発の状態になり、その時間が苦しかった記憶があります。

あなたが心地いいと思えるコミュニティであれば、ゆる友と出会える可能性が高いといえますが、一つや二つの参加ではそういうコミュニティが見つかるとは限らないので、気長に考えることです。

はじめのうちは、複数のコミュニティに参加することです。月1~2回のペースで新しいコミュニティに足を運び、一つずつ見極めながら絞り込んでいきます。結果的に継続して参加できるコミュニティをせめて三つくらいは確保することを目指しましょう。

ゆる友はトライ&エラーを繰り返して出会っていくものです。

POINT

複数のコミュニティに参加して、自分が心地いいと思える場所を見つける

2 オンラインコミュニティでつながる

自分から発信する

人との出会いにおいて、今やインターネットは欠かせないものになっています。ゆる友活でも同様です。とくに毎日家と会社の往復ばかりしているのであれば、出会いの機会を増やすためにもSNSの活用は必須といえます。

たとえばFacebook、X（旧Twitter）、Instagram、LINE、TikTok、YouTubeなどを利用している人は多いと思います。

こうしたSNS、またはブログを通して、自分の趣味や関心事について情報発信するといいでしょう。

SNSやブログでの情報発信は今すぐにでもはじめられます。自分から情報発信することで、同じ趣味や関心事を持つ人から反応が返ってくることがあります。わざわざ出かけなくても、ゆる友につながる場合があるのです。

自分からSNSやブログでの情報発信をするのはハードルが高いという人は、「オンラインコミュニティ」に参加しましょう。オンラインコミュニティとは、共通の趣味や関心事のある人同士がSNS上で交流する場です。

オンラインコミュニティに参加する一番のメリットは、〝お試し〟がしやすいことです。対面でないぶん、気軽に参加できて離脱も簡単にできるので、自分に合う・合わないの取捨選択を効率よく行えます。

オンラインコミュニティにはさまざまな種類があります。ここでは「Facebookグループ」を例に説明します。Facebookをおすすめする理由は、他のSNSよりも利用者の年齢層が比較的高く、大人のゆる友活に適しているからです。また、誰でも無料で参加できるコミュニティを探しやすいこともあります。

以前、Facebookに登録はしたけれど放置している場合は、これを機に自分のプロフィールを更新し、日記を投稿します。

出会いの機会を増やすために、自分のプロフィールには趣味や関心事の他、仕事（業種・職種）や住んでいる沿線・エリア、家族構成なども短く書いておきましょう。学歴は自慢に思われる可能性があるなら書かなくてもいいですが、顔写真は載せたほうが見る人に安心感を与えます。

日記に書くのは「〇〇をやってみた！＋感想」がおすすめです。たとえば「公園の芝生に寝っ転がってみた！　気持ちいい～」というように週に1回、スマホで撮った写真とともに1行でいいので、日常の何げないひとコマを残しておくと出会いにつながりやすくなります。

オンラインコミュニティの参加手順

オンラインコミュニティに参加する際にまずやることは、検索です。試しに、Facebook画面左上の検索窓に自分の趣味や関心事を入力して検索してみましょう。

たとえば「登山」で検索すると、登山好きの人が集まるFacebookグループがいくつか表示されます。その中から気になるコミュニティを選んで参加要件を確認し、「参加申請」を行います。

コミュニティから参加が承認されて自己紹介が必要な場合は、メンバーの過去の投稿を参考にします。このとき、「頻繁に書き込みがあるか？」「ルールが厳しいか？」「ポジティブなコメントが多いか？」「シビアな長文のやりとりが中心か？　短文でさっぱりとしたやりとりが中心か？」といったそのコミュニティの空気を読むことが大切です。その空気に合わせながら、やや控えめに自己紹介を書いて投稿します。

「はじめまして！　〇〇と申します。登山に興味があり、参加させていただきました。3か月に一度くらいしか山に行けていませんが、みなさんの活動から刺激を受けたいと思います。どうぞよろしくお願いいたします」

ウケを狙ったり自分をより良く見せたりする必要はありません。

その後は、コミュニティ内の投稿に「いいね！」をつけたり、肯定的なコメントを書き込んだりして反応をうかがいます。

たとえば、「伊豆の素敵なキャンプ場に行ってきました。〇〇という名前の施設です。こんな感じです。オススメです！」というメンバーの投稿に「いいね！」をつけたうえで、次のようなコメントを書き込んでみましょう。

「初心者の〇〇です。素敵なキャンプ場ですね。今度行ってみたいと思います。情報ありがとうございます！」

コメントを書き込むときはネガティブなものや、〝情報クレクレ〟的なものもＮＧです。

「このコミュニティにいる意味がわからないんですけど……」

「このコミュニティで有益な情報を得られると思ったんですが……」

「もっと私に合いそうな別のコミュニティを紹介してください！」

これではコミュニティの空気が悪くなり、主催者や他のメンバーから嫌われてしまいます。もちろん何度も同じ質問をしたり、必ず返事を求めたりするのもいけません。

こうして1か月程度様子を見ましょう。さらにコミュニティの空気に慣れるために、次項で述べる「オンラインイベント」に参加しながら、横のつながりをつくっていくことが重要です。

POINT

コミュニティ内の空気を読みながら
肯定的な内容を投稿する

3 オンラインイベントで知り合う

初めて参加する際の注意点

自分の参加したオンラインコミュニティ（ここではFacebookグループ）において、Web会議ツールを使った「オンラインイベント」が開催されるのであれば、参加することをおすすめします。オンラインイベントに参加することで、コミュニティが自分に合っているかどうかがわかり、他のメンバーとの関係を深めることができるからです。

オンラインイベントでは司会者がイベントの進行を行い、主催者による最初の挨拶、新しいメンバーの自己紹介、他のメンバーの近況報告、フリートーク、ゲスト講師の講演などが予定される場合があります。

初めてオンラインイベントに参加する際は全体の流れを事前に確認して、Web会議ツールの使用法にも慣れておくといいでしょう。

画面に映るので身だしなみには要注意です。寝癖がついたままだったり、首回りが伸びたTシャツを着ていたりすると第一印象が台無しです。ＰＣに外付けのＷｅｂカメラを取り付けてもいいでしょう。ＰＣの内蔵カメラより相手と目線が合いやすく、映りも良くなるので、主催者や他のメンバーに好印象を与えることができます。

時に「自己紹介を1分前後でお願いします」「やってみたいことを一人一つ発表していただきます」といったコーナーがあることもあるので、あらかじめ話す内容を用意してリハーサルしておくと安心です。

自己紹介では時間内に自分の名前（ニックネーム）、趣味や関心事はもちろん、このコミュニティでやってみたいことを伝えて、主催者や他のメンバーに知ってもらいます。

このときに、主催者や他のメンバーから歓迎されないのは「話が長い人」「話が脱線したまま戻ってこない人」「会話のキャッチボールが成立しない人」です。

ダラダラ話すのは避けましょう。かといって「〇〇です。よろしくお願いします」と短すぎるのも考えものです。せめて「今日は初参加なので、みなさまのお話を聞きながら学ばせていただきます」と前向きに発言するべきです。

自分が発言する場合は、司会者の進行に従ったうえで、他のメンバーの発言に共感や称賛を示しつつ、そのアイディアに便乗し、自分もアイディアを加えてさらに発展させるのがおすすめです。

「先ほどの○○さんのアイディアにとても共感します。ありがとうございます。そこからヒントをもらえれば、○○などの可能性も広がると思いました」といった言葉で肯定的な態度を示すと、他のメンバーとの一体感が生まれ、オンラインイベント全体が前向きな空気に包まれます。

オンラインイベント終了後のアクション

オンラインイベント終了後、顔見知りになったメンバーに「友達申請」してみましょう。このときのメッセージの「○：良い例」と「×：悪い例」をご紹介します。

○「こんにちは！　先日のイベントでは楽しい時間をありがとうございました。初めて参加させていただいた○○です。少しずつ慣れていこうと思っています。これからもお見知りおきのほど、よろしくお願いします」

短文のほうがいい理由は「感情」と「距離感」のコントロールが同時にできていることが伝わるからです。まだ実際に会ったことがない人にはいきなり踏み込みすぎず、自己主張もほどほどにが得策です。また、他のメンバーに学ぶ姿勢もあり、好感度が高いです。

❌**「どうもです！　この前、イベントで話した○○です。次回のイベントは忙しくて参加できるかどうか直前までわかりません。もっと休みがとりやすい会社に転職したいものです。上司がちょっとパワハラ体質で困っています。ここにそんな人はいませんよね？　いたらちょっと嫌ですね」**

「どうもです！」という挨拶がラフすぎますね。自分本位で、聞かれてもいない会社のパワハラの話をして、最後はコミュニティに対する猜疑心、被害妄想で終わっています。全体的にネガティブな印象が伝わってきます。もちろん、批判的な議論をしたり自分の考えを押しつけたりするのもいけません。ちょっと癖があり、つき合ったら面倒くさそうと思われるので、とても不利です。

さらに「友達」として追加したメンバーに対しては、投稿に「いいね！」をつけたり、コメントを書き込んだりしながら、1～2か月かけてゆっくりと丁寧に関係を築いていきます。丁寧にとはいっても、長文のコメントやメッセージは避けましょう。できれば3行以下、前向きな内容で、話題は一つに絞り、一息で書くのがポイントです。

メンバーへの直接のメッセージは、多くても1週間に1回程度にします。毎日送ると相手に圧迫感を与えてしまうからです。もっとメンバーと関係を深めたいのであれば、とりあえずオンラインでのコミュニケーションを自分から提案してみましょう。

「メンバーの○○さん、○○さんと三人で○○についてオンラインで話しませんか？　もしご都合がつけば、よろしくお願いいたします！」

いきなりではなく、自然な流れで、他のメンバーも交えた40分～1時間程度の短時間の誘いであることが前提です。

POINT

顔見知りになった人へ個別にメッセージを送り、時間をかけて少しずつ関係を築いていく

4 オフ会で交流する

自分から話しかける

自分の参加したオンラインコミュニティが「オフ会（オフラインミーティング）」を開催する場合もあります。オフ会とは、SNS上で交流のある人同士がリアルで集まる場です。

近年は、芸能人やネット上で影響力のあるインフルエンサー、動画配信者、実況者などが主催する有料のオンラインサロンやファンクラブもありますが、主催者との一方通行のコミュニケーションにならず、横のつながりがつくりやすいコミュニティのオフ会を選ぶのがコツです。

初めてオフ会に一人で参加する場合、緊張しやすい人は主催者と1～2回メッセージのやりとりをしておくと安心できると思います。「参加者は何人くらいか？」「常連は何割くらいか？」といった質問をするといいでしょう。

当日、オフ会の会場に着いたら受付を済ませますが、主催者を探してまで挨拶する必要はありません。主催者は忙しいですし、主催者と長く立ち話をしてしまうと、かえって迷惑がられることもあります。

会場が常連ばかりで顔見知りもいないようなときは、主催者に常連や他のメンバーを紹介してほしいと思うかもしれませんが、求めすぎるのは良くありません。

そこで、自分から近くにいる人に「今日はよろしくお願いします。初参加です！」「初参加なのですが、どのへんにいるのがいいですかね？」と笑顔で話しかけてみましょう。一人でも誰かと話せると緊張がほぐれますし、このように話しかければ初めてで勝手がわからなくても大目に見てもらえる効果もあります。

すでにそのコミュニティに参加していて、オンラインで顔見知りのメンバーとオフ会で初めて会ったときの一言は次のような言葉がおすすめです。

「やっとお会いできましたね、うれしいです！　でも、初めて会った気がしませんね！」

オフ会では人疲れしない、無理のない範囲で、多くの人とまんべんなく話すことを心がけます。ですから、参加するメンバーのプロフィールを予習しておくと、話がさらに広がります。

途中退出も視野に入れる

オフ会に参加する際に注意したいのが、ここでも「期待しすぎない」ということです。まずはその場に慣れることを目標にして、一人か二人、後で話せる人が見つかればラッキーくらいの気持ちで参加するのがいいでしょう。

もしも会場の雰囲気が「自分には合わない」と感じたら、「この後、ちょっと仕事がありまして……」「急用で家族に呼び出されまして……」ということにして途中退出も視野に入れておくと、気持ちがラクになります。

「なんとなく違う」「何か嫌な感じがする」という直感は、たいてい後になってから当たるものです。無理してそこにいてもストレスになるだけでなく、後々大きなトラブルにつながることもあります。

自分から一人か二人に話しかけてみて、30分くらい経ってもまだ居心地の悪さを感じるなら帰ってしまっても問題ありません。無理して主催者に理由を伝える必要もありません。ここでは自分が楽しめるかどうかを優先しましょう。

幸運にも話せる相手が見つかったら、オフ会終了後に「そのへんでお茶でもしませんか？」と自分から誘ってみてください。もちろん次回以降のオフ会に誘い合って参加してもいいでしょう。

オフ会後に主催者や有志のメンバーから二次会に誘われることもありますが、無理は禁物です。話せる相手がいて楽しめそうでも、何人か苦手だなと思う人がいるようであれば見送ったほうが無難でしょう。もしも二次会に参加する場合は「ちょっとだけ参加します」と言って予防線を張っておくといいかもしれません。

オフ会で知り合い、ゆる友になりたいと思う人とは連絡先を交換することをおすすめします。とはいえ、初めて会った人と連絡先を交換するのはハードルが高いと感じる人もいるはずです。

この場合、他のメンバーも巻き込んで「みんなでＬＩＮＥグループをつくろう」と提案することで、個別では連絡先を交換するのを渋る人でも、連絡先を交換しやすくなると思います。

その後、グループチャットに「今日は楽しかったです。またよろしくお願いします。楽しそうな会合があったら誘ってください」というメッセージを送るといいでしょう。

グループチャットがあれば、またみんなで集まる際のツールとして役立ちますし、相手と仲良くなる機会もつくれます。

焦らずゆっくり、3か月から半年くらいかけて淡々と関係を維持するようにします。グループチャットで1~2週間に1回程度、重くならない近況報告や情報交換を行います。

「関東の気軽に登れる低山を研究してみました！　筑波山はおすすめですね！」

「都内に日本酒が楽しめるお店が新しくできて評判ですね！　情報を送っておきますね！」

いきなり踏み込みすぎず、このようにゆるくつながる中で、自然と仲良くなることを目指しましょう。

POINT

オフ会で話ができる人が見つかったら、グループチャットで交流を深める

5 学びの場は大人に人気

学びの場で出会うメリット

大人がゆる友と出会うコミュニティとして「学びの場」があります。たとえば「趣味やスポーツの習い事」「ビジネススキルや資格取得のスクール」「各種スキルのセミナー・勉強会」「社会人大学院」が、学びの場の代表例でしょう。

ここ最近は社会人の学び直しがブームで、オンラインでの学びの場が増えています。ですが、オンラインコミュニティよりも定期的に通える習い事やスクールなどのリアルコミュニティのほうが、ゆる友活にはおすすめといえます。

1回限りのセミナーや勉強会だと、相手のことを知る前に、あるいは自分のことを知ってもらう機会もなく、二度と会わなくなることが少なくありません。これが続くと、せっかく参加しても「次がない」という事実に落ち込んでしまいがちです。

しかし、定期的に通うリアルコミュニティならそういう心配はありません。

毎日家と会社の往復ばかりしているのであれば、その場所に通うと決めることでスケジュールに組み込みやすい、習慣化しやすいというメリットもあります。

もちろん自分の趣味やスポーツ、取りたい資格の知識やスキルが身につけられますし、一緒に学ぶ仲間と学んだことを教え合い、成長する関係を築くことができます。

学びの場で出会うのは、自分と同じ方向を向いて努力する人たちです。すでに共通の話題があり、それが会話のきっかけになります。自然と相手と仲良くなりやすい条件が揃っているのです。

学びの場では参加者同士の人柄が見えやすく、最初からお互いの情報が共有されやすい傾向にあります。初めての授業やレッスンでは自己紹介をする機会が多くあります。自分のことをオープンに話すことは普段あまりないと思います。

さらにグループワークやディスカッション、授業後の打ち上げと称した飲み会などでお互いの内面をより深く知ることができます。

コンサル会社勤務のDさん（40代・男性）は、ビジネススクールのクラスメイトと何でもフランクに話せるつき合いを楽しんでいます。授業後も、二人はよく立ち飲み屋で語り合い、将来の目標ややりたいことも共有しています。お互いに相手の意見や本音を聞いて、仕事に役立てることもあります。

ゆる友になりたいと思う人には授業やレッスンの合間やその後に、学びの場の話題や参加のきっかけを利用して自分から声をかけてみましょう。

「私、肩こりがひどくて最近、このヨガ教室に通いはじめたんですが、肩こりは緩和されますか？」

「僕は独立後の仕事に少しでも役立てられたらと思って、このスクールに入学したんですが、〇〇さんはちなみにどんな動機だったんですか？」

学ぶ知識や時間の共有ばかりでなく、お互いのプライベートの情報を交換することで距離が縮まり、その過程で仲良くなったという話はよくあります。

謙虚な気持ちを心がける

学びの場では「教えてもらう」という謙虚な気持ちを心がけることが大事です。お金を払っているからといって、教わる権利ばかり主張していると「面倒くさい人だ」と思われて、ゆる友をつくるチャンスを失ってしまいます。

先生はもちろん古参の参加者に対しても、自分より知識やスキルが豊富な人が多いので敬意を払うべきです。自分のほうが知識やスキルがあったとしても、それをひけらかして偉そうにするのは避けましょう。

また、一人で学ぶわけではないので、周りの邪魔になることも避けなければいけません。たとえば、授業中にずっとおしゃべりが止まらなかったり、集中している人にむやみに話しかけたりする態度は受け入れられません。全員が友だちとの出会いを求めて来ているわけではなく、知識やスキルを上げるために必死な人もいるからです。

あなたも集中したい時間があるはずです。そのときに話しかけてくる人がいたら、「無視するのも悪い」と思うかもしれません。ですが、「すみません、今手が離せないので後ほどお聞きします」とはっきり相手に伝えることも、自分のためだけでなく、周りのためになるといえるでしょう。

みんなと必要以上に仲良くすることはありませんが、定期的に通うリアルコミュニティなので、挨拶を欠かさないのは基本です。自分から挨拶して、学ぶ姿勢と謙虚さを忘れないようにしましょう。

挨拶から雑談に発展し、さらに仲良くなりたいと思ったら、少人数・短時間でお茶をしたり食事に行ったりして、学びの場以外でもつながりをつくるといいと思います。このときに先生も交えると、参加者同士だけでなく、先生と参加者のつながりも深くなるという楽しみがあります。とはいえ、参加者とは一線を引きたい先生もいるので、その場合はしつこくしないことです。

POINT

学びを通して知識や時間を共有し、お互いの人柄を知って仲良くなる

6 ビジネス交流会に参加する

ゆる友に出会える場所になりえる

「ビジネス交流会」は、これまで自分と接点のなかった人と一度に多く出会えるリアルコミュニティです。一般的には「営業の場じゃないの?」「商品やサービスを売りつけられそう……」と考えられがちです。たしかにビジネスが目的の参加者が多いですが、ゆる友活に向いていないとは言い切れません。

ビジネス交流会には同業種の人と仕事の悩みを共有できたり、異業種の人からアイディアや情報を得られたりするメリットがあります。キャリア志向でない人や定年前の人が遠慮したくなるのは無理もないですが、他のコミュニティと同様、お互いの共通点や関心事をきっかけにゆる友になれる可能性があります。

毎日家と会社の往復ばかりしているのであれば、「もう仕事のことを考えたくない」と思うかもしれません。ですが、オンラインで出会うよりもリアルの対面なぶん、仲良くなるまでのスピードは速い場合があります。

ビジネス交流会にはさまざまな種類があり、主に同業種交流会、異業種交流会に分けられます。前者はクリエイティブ系などの特定の業界、専門分野に特化したもので、後者は職業や職種を問わないものです。いずれも少人数から多人数まで幅があり、会費にも幅があります。

こうした交流会の情報はインターネットで探すことが可能です。交流会の情報を集めたポータルサイトで検索したり、ＳＮＳで発信される開催情報をチェックしたりするといいでしょう。

交流会の公式情報に会合中の画像が掲載されている場合、自分の性格や価値観が参加者の雰囲気に合っているかどうか確認します。参加者の服装などから派手か地味か、活発か穏やかか、年齢層もある程度はわかるでしょう。画像を信用しすぎるのも良くないですが、笑顔で和気あいあいとした様子であれば仲良くなりやすいと想像できます。

そのうえで参加要件を確認し、実際に行くかどうかを決めます。画像がなくても、気になるのであればとりあえず行ってみてもいいと思います。その場に居づらければ、自分には合わなかっただけなので、頃合いを見て切り上げていいのですから。

ビジネス交流会は玉石混交なので、職場の人や知人が参加していれば紹介してもらうのも手です。「雰囲気がいいか?」「得られるもの（与えられるもの）があるか?」など、すでに参加している人のお墨付きがあれば安心です。

忘れずに名刺を持っていく

ビジネス交流会に参加する際は、必ず名刺を持っていきましょう。会社の名刺を業務外で渡すのが禁止されている場合や、自分の職場を知られたくない場合は、職業と連絡先（メールアドレスやSNSのアカウントなど）を記載したプライベートの名刺を用意しましょう。名刺があれば限られた時間でさまざまな人とつながれますし、会話のきっかけも見つけやすくなります。

ただし、いきなり自分の名刺を差し出して「私、こういう者ですけど……」と相手に話しかけるのは、それこそ「営業かな?」と警戒されてしまいます。そのため、名刺交換するのは相手と話が少し弾んでからにします。

まずは自分から近くにいる人に「今日は賑《にぎ》やかですね」「この会は何時まででした

か?」と勇気を出して声をかけましょう。相手と会話が続いたら名刺を交換し、「私も〇〇業で〇〇をやっているんです」「私は〇〇に興味があって、学ばせてください」というように話を広げていけば、さらに盛り上がりやすくなると思います。

会話が盛り上がらなければ名刺を渡す必要はありません。そうすることで肩書に惑わされず、自分に合わない人とつながるリスクも抑えられます。

名刺交換する代わりにLINE交換したがる人がいますが、仲良くなってからならまだしも、初対面でのLINE交換は抵抗があるのが普通です。最初からLINE交換するのは避けてもかまいません。

交流会や懇親会が立食パーティーの場合、会話のきっかけづくりとして使える手があります。それはドリンクをからめることです。

フリードリンク制に限りますが、ドリンクカウンターの前にいたら、あなたから「何にしますか? はいどうぞ!」と声をかけ、ドリンクを渡してみてはどうでしょう。

あるいは、ドリンクカウンターから離れていたら、話のついでに「ドリンクを一緒に取りにいきません?」と誘ったり、相手のドリンクを代わりに取りに行ったりすればいいと思います。ドリンクは人とつながる有効なツールになります。

ビジネス交流会では、他のコミュニティでの出会いより、その場限りになりやすいという特性があります。会員制で入会後に定期的に参加できる場合もあるので、その会の仕組みを理解しておくことが大切です。

ゆる友になりたいと思う人には次の一手として、名刺交換後の御礼メールで、情報交換のためのコミュニケーションを持ちかけます。相手にとって有益な情報を盛り込みつつ、オンラインで短時間のお誘いであれば、相手も応じやすいといえます。

逆に、相手が「実はいい話があるんです！　あらためて直接会ってお話しさせてください！」と具体的な用件を伝えずに必死に会おうとしてくる場合は、何か裏がある可能性があるので、断る以前に返事をしないほうが得策だと思います。

情報交換を利用し、個別に連絡をとりながら段階的にプライベートの話ができる関係を築いていくことが、ゆる友になるためには必要です。

POINT

会話が盛り上がれば名刺を交換し、後日オンラインで情報交換する

7 行きつけの店を持つ

行きつけの店の見つけ方

大人がゆる友と出会うチャンスは、趣味や関心事のコミュニティに参加しなくても足もとに転がっていることがあります。それは家か会社の近く、あるいは家と会社の間に「行きつけの店」を持ち、そこで出会いを見つけるということです。

行きつけの店で人と出会うメリットは、一定の距離感を保ちやすいことです。そこから徐々に仲良くなり、ゆる友になることが可能です。なぜ一定の距離感を保ちやすいかというと、それぞれが飲食やそれ以外の目的で店を訪れている、たまたまその場に居合わせた客同士だからです。

店ではちょっとした言葉を交わすときも、お互いに相手がどんな人かわからないリスクを抱えています。そういった意味で、最初からプライベートに踏み込まないことがマナーになっています。それが転じて「言いたくないことは言わなくていい」「個人的な話は持ち出さなくていい」というわけです。

一方、地域のネタが必ずあるため、初対面でも共通の話題が見つけやすく、会話が盛り上がることがよくあります。

毎日家と会社の往復ばかりしているのであれば、無理なく通える自分の居場所があることは重要です。たまに顔を出す程度ではゆる友活はなかなかうまくいきませんが、何度も通うからこそ顔馴染みができ、会話もしやすくなります。

では、行きつけの店としてどんな店がいいのか？　あなたがお酒が好きだとしたら、ふらっと一人で立ち寄れる個人経営の居酒屋やバーがいいでしょう。個人経営の店のほうが、見知らぬ客同士が気軽に話しやすいフレンドリーな雰囲気であることが多いのです。一人でも、立ち飲みやカウンターのある店であれば入りやすいのではないでしょうか？

なお、お酒が飲めなくても問題ありません。なにもアルコールである必要はないのです。ノンアルコールで楽しめばいいのですから。

「なんだか気になる」という自分の感覚で店を選べばいいと思いますが、一軒目ですぐに「ここがいい」となることはほぼありません。自分との相性があるので、「ハズレでも仕方がない」「ほとんどがハズレ」という覚悟で、はじめのうちは月に3軒以上、新しい店に足を運べるといいでしょう。最終的には家の近くに1軒、会社の近くに1軒、家と会社の間に1軒としてもいいですし、3軒とも家と会社の間の自分が好きなエリアにするのもいいかもしれません。

実際に店に足を運んだら、店の人や客同士の会話から雰囲気を探り、また行きたいかどうかについて自分の気持ちを確かめます。再びその店に足を運び、さらに3〜4回通えるのであれば、あなたの行きつけの店になる確率が高いといえます。

まずは店員と言葉を交わすところからはじめましょう。あなたから「この店はいつできたんですか？」「○○がとてもおいしいですね、癖になります！」と店員に話しかけるといいと思います。無理に話そうとしなくても、通っているうちに「今日は仕事終わりですか？」と店員から声をかけられることもあるでしょう。

店員に顔を覚えてもらえたら、今度は近くにいる他の客に「今日は暑い（寒い）ですね」「よく来るんですか？」と声をかけてみましょう。このとき、相手の反応が良ければ話を続けますが、あまり話したくなさそうに思えたらそれ以上話しかけないことです。

逆に、相手から声をかけられて、あなたが嫌でなければ笑顔で応じましょう。

焦る必要はありません。店員と言葉を交わせるようになれば、自然と店員を交えて他の客と会話するタイミングが訪れます。とくに年の離れた客とはそのほうがお互いに警戒心が和らぎ、話も弾みやすいといえます。

何度か通い、ゆる友になりたいと思う人がいたら忘れずに連絡先を交換します。店の常連だとしても、次も会えるかどうかわからないからです。個別に名刺を交換したり、店員や他の客とともにLINEグループをつくったりするのがいいでしょう。「今週末、店に行きます」と知らせ合うことで、また会える確率が上がるし、ゆる友になれる可能性も高まります。

店や地域のイベントに参加する

行きつけの店として定期的にイベントを開催しているところを選ぶのも有効です。店のイベントに参加すると、さらにその店への親近感がわき、客同士の距離も縮まります。「〇周年記念パーティー」「クリスマスパーティー」などがあれば、積極的に参加するのがおすすめです。

店に足を運んだら、常に「近々、お店のイベントはあったりしますか？ あれば参加してみたいと思いまして」と確認する習慣をつけるといいでしょう。

また、店がその地域のお祭りに協力していることもあります。季節の祭りがあれば、その店の一員として参加してみてはどうでしょう。伝統的なお祭りであれば、当日まで一緒に準備して、本番で神輿《みこし》を担いだり山車《だし》を引いたりして仲良くなるケースがあります。

行きつけの店ができたら、職場の人や知人を連れて行ったり、彼らと飲み会や食事会を開いたりするのもいいと思います。店に貢献することで、そこがより自分の居場所に感じられるようになります。

POINT

家と会社の間にある気になる店に足を運び、店員や他の客との会話を楽しむ

8 自分のコミュニティを自分でつくる

参加側から運営側へ

大人がゆる友と出会うには、自分のコミュニティを自分でつくるという方法もあります。自分のコミュニティであればメンバー全員と関わることになります。主催者ということで誰とでも話せるポジションが得られ、自分から声をかけやすくなるというメリットがあります。

自分でコミュニティをつくるのは他のコミュニティに参加するよりハードルが高いですが、オンラインコミュニティであれば比較的はじめやすいと思います。

この場合、他のオンラインコミュニティや、オンラインイベントやオフ会に参加する際に、ただ参加するだけでなく「どのように運営されているか？」「どこが楽しいと感じるか？」「改善するとしたらどうしたいか？」ということを意識すると参考になります。

こうしたことを「参加者目線」で感じ取れたら、今度はそのコミュニティのスタッフとして参画し、「運営者目線」を学びます。コミュニティ内で役割を与えられると、運営者の一人として振る舞えるようになります。

そのうえで、あなたが主催者としてコミュニティを立ち上げることを目指します。自分一人では心もとないのであれば、すでに他のコミュニティで仲良くなった人などを「〇〇をテーマにしたコミュニティを一緒にやってみない？」と誘ってみるのも手です。

では、どんなテーマでコミュニティをつくればいいのか？　それはあなたの趣味や関心事であり、好きで得意なことに尽きます。「運営しているときは、お金が入っても入らなくてもとても幸せな気分になれる」というテーマを選ぶのがおすすめです。

たとえば「日本酒」がテーマの場合は、次の三つのことを決めます。

- **名称**……日本酒の会
- **趣旨**……日本全国の日本酒を楽しみながら、その歴史を学び、知識を深める
- **参加メリット**……日本全国の日本酒を楽しむ機会を得られる、日本酒にまつわる歴史や文化を学べる、日本酒好きの友だちができる

このように、わかりやすく明確に伝わるものがいいでしょう。他の人たちが参加したくなる内容であることが重要です。

最初は数人でオンラインミーティングからはじめます。コミュニティの趣旨に合っている人、参加してほしい人に「お久しぶりです。○○です。『日本酒の会』をやるので、興味がありましたらご参加ください。お知らせでした！（当日はご自宅でお気に入りの日本酒を飲みながらお楽しみいただけます）」という告知や紹介をFacebookなどを通して行います。

初回にコミュニティの趣旨を説明し、参加者同士で自己紹介や挨拶をしたりフリートークしたり、日本酒に詳しい人のレクチャーを受けてもいいかもしれません。

その後、参加者に「よかったら一緒にこのコミュニティの運営をやりませんか？　少しでも興味があれば、一度説明させてください」と個別に案内します。

大事なのは、はじめから一気にやろうとしないことです。徐々にコミュニティの賛同者を増やし、一定の参加者が集まるようになってからオフ会に挑戦するのがいいと思います。

参加者を〝お客様扱い〟しすぎない

長くコミュニティを続けるための秘訣《ひけつ》をお伝えします。それは活動の年間スケジュールを決めておくことです。たとえば、「1月新年会」「4月お花見会」「7月暑気払い」「10月BBQ会」「12月忘年会」など、季節に合わせたイベントの計画を立てることで、メンバーが自分の予定に組み込んでくれるようになり、自然と参加率が上がります。

もっと大事なことがあります。コミュニティはあくまでも「自分がやっていて楽しい」ということが基本なので、参加者を〝お客様扱い〟しすぎないほうがうまくいきます。

有料のオフ会を開催した際に、初参加の人から「飲み物ください！　持ってきてくれる？」と世話をして当然のように言われたら、「ドリンクはセルフサービスになっていますので各自でお願いします」とやんわりと断ることです。それでも「参加費を取っているならちゃんとやってください」と言われた場合、「当コミュニティはサービスとしてではなく、みんなで楽しくつくり上げるという精神でやっています」と返すのが得策です。

コミュニティの方針やルール（禁止事項）を決めておき、「できること」と「できないこと」を参加者にはっきりと伝えるようにしましょう。

参加者が増えてくると必ずと言っていいほどトラブルが起こります。連絡先を交換した後にしつこく食事に誘ったり、否定的な発言を繰り返したり、商品やサービスを売りつけたりするような人は、決して見逃してはいけません。

主催者としてそのつど心を鬼にして、それでいて丁寧に相手に注意しましょう。仮に相手が激怒した場合には、この先も考えが合うことはないでしょうから、やんわりと退会を促します。

もちろん参加者に対して権力を振りかざすようなことがあってはいけません。ですが、愛を込めた最低限の線引きは必要になるのです。

みんなの幸せを維持するために心しておきましょう。

POINT

好きで得意なことをテーマにしたコミュニティを運営する

9 誰とでも仲良くなれるわけではない

みんなと仲良くしようとしない

あなたが新しい環境に飛び込み、たくさんの人と出会っているにもかかわらず、次の機会がなかなかつくれない——そんなことが続けば、焦りや不安を感じるかもしれません。

そういうときは逆説的ですが「誰とでも仲良くしよう」という気持ちを捨てることです。ゆる友活とは、無理にみんなと仲良くしようとすることではなく、あなたがゆる友になりたいと思う人と関わるということだからです。

2014年から2019年に毎週交流イベントを開催していた私は、常連以外の新しい人と出会い、毎月150人以上と連絡先を交換して「先日はありがとうございました。また来てくださいね」というやりとりを繰り返していました。

しかし、一人でも多くの人と関係を築こうとするあまり、どうしても話が表面的になっていました。とりあえず目の前の人に話しかけるけれど、しっかりと時間をとって語り合うことをしなかったのです。

当時の私は交流イベントを大きくすることに躍起になっていました。本気でその人と仲良くなりたいと思っていないと、表向きは話が弾んでいるように見えても、お互いの心に何もひっかかりが生まれず、「うわべだけの関係だな……」という空気になってしまいます。そのため、出会う人は増えても仲良くなれる人は意外と増えませんでした。

ゆる友活でそんな状況を生まないためにはどうすればいいのでしょうか？

自分と同じ趣味や関心事を持っていたとしても、なんとなく気が合わない人、話が合わない人は存在します。むしろコミュニティにいる以上、そういう人ともその場ではほどほどに仲良くしなければいけません。そのコミュニティの空気を悪くしないためです。

まずは全員と当たり障りのない会話をし、そこからゆる友になれそうな人と深く話すのがおすすめです。その人とあらためてオンラインでもいいので、個別にコミュニケーションをとることです。できれば短時間でのお茶やランチに自分から誘ってみます。

「○○駅近くに知り合いの○○料理店があるので、今度ランチでもしませんか？　ご都合がよろしければ……」

このようにさらりと一息で言う習慣をつけるだけでいいのです。

たまたま職場や取引先、地元が近くて、ついでに誘うように演出します。

自然体で出会う人を増やし、自分の存在が相手に受け入れられてから、少しずつ関係を築いていくということです。ここにゆる友活がうまくいく秘訣がある気がします。

いい意味で鈍感になる

ゆる友になれそうな人を次に誘う場合に心配な点は「もしも相手に自分が好かれていなかったら？」ということです。

誰でも人から拒絶されたら嫌なものですが、スルーされたとしても気にしないほうが得策です。

相手から「時間がない」「会うまでもない」と思われれば、お茶やランチに誘った際に「ちょっと忙しいので」「またこちらから連絡します」「タイミングを見て」などと返事が来て、そのまま連絡が途絶えるものです。返事すらないのもよくあることですが、これは相手の自由なのですから、怒ったり文句を言ったりすること自体が筋違いです。逆にあなたが誰かにそのような対応をしなければいけないこともあります。返事を強要することはできませんから、深追いもしません。

「無視されたら次に行く」が基本です。無理につき合うのは相手にとっても、自分にとってもつらいですから、お互いさまなのです。もしもこうなったら、「誰にでもあること」と唱えて深呼吸し、平常心を保つことです。

人のタイプは千差万別で、お互いに合う人、合わない人が存在します。いくらあなたが仲良くなりたいと思っていても、相手が受け入れてくれるとは限りません。相手は自分とキャラが合わない、忙しくてそんな暇はないと思っているかもしれません。あなたに対して警戒心を抱いている可能性がありますし、仲良くしたいと思うほどの興味をそのときは持っていない可能性もあります。

人にはその時々によって、仲良くなりにくいコンディション、心の状態があります。相手が疲れていたり体調が悪かったりすれば、その場を楽しむ力や共感力が鈍るので仲良くもなりにくいのです。

ですから、いい意味で鈍感になることをおすすめします。鈍感になることによって、相手に受け入れられなかったときのショックを和らげることができます。

なかなかすぐには鈍感になれないですが、これは慣れるしかありません。最初は大変でも、続けていれば落ち込むことが少なくなり、鈍感さも身についていきます。いちいち落ち込んでいる暇などなくなっていくのです。

スポーツが上達する原理と同じと考えればいいのです。ゆる友活も場数を踏むことで緊張や恐怖、ミスに鈍感になるだけでなく、上達していく楽しさも感じられるはずです。

自分が悪いわけじゃないし、相手も悪いわけではない。それぞれの生き方や判断がある。知り合う人の9割以上はその場限りか、顔見知り程度の関係です。

9割以上の人とは仲良くなれなくて当然——そんなふうに肩の力を抜いて、ゆる友活を楽しんでいくのがいいと思います。

POINT

9割以上の人とは仲良くなれないと割り切り、肩の力を抜いてゆる友活を楽しむ

第5章

お互いにちょうどよくつながる

距離感がつかめないあなたのための「つき合い術」

1 どこまで友だちとつき合えばいいか?

ゆる友活は短時間で!

あなたが友だちとの距離感がつかめず、どのようにつき合えばいいかわからなくなっているのであれば、自分の中に「どこまでつき合うか」という基準をまず決めることです。

友だちとのつき合い方は、相手との関係性や自分の性格によっても変わってくるので一概にこうであるとは言えませんが、自分の基準を持っていると必要以上に悩みやストレスを抱えずに済みます。

まず、ゆる友活で「時間」の問題は避けて通れません。現実的に大人は何かと忙しいので、「ゆる友活は短時間で!」と割り切ることも必要です。そうすることであなた自身がラクになると思います。

ですから、重要なのは「どれくらいの時間を友だちに割くか?」を決めること。たとえ

1時間程度のお茶やランチで会うとしても、楽しむことは十分可能です。

実際、私も「会うのは短時間にしよう」と決めて誘うようにしてからは、友だちと会いやすくなりました。自分が時間の主導権を握れるだけでなく、相手の時間をむやみに奪うことにもならないからです。会う場所は相手の出かけやすいところにすれば、応じてくれる可能性が高くなります。

逆に、友だちから飲みに誘われたら「片づけないといけない用事があるので、お茶からランチはどうですか？」と自分から逆提案するといいでしょう。こうすれば短時間の交流になります。このときは、会う場所をお互いの中間地点にすると移動時間も短縮できます。

そうはいっても、友だちとじっくり話したい夜もあるでしょう。こういう場合は、自分からの誘いであれ相手からの誘いであれ、とくにお酒が入ると切り上げるのがむずかしくなるものです。

そこで、当日は終わる時間を決めて、その時間が来たら「明日の準備がある」「家族の世話がある」と途中でも帰る意思を示しましょう。

そのために、会う前から「明日の朝は早いから」「お酒の量を減らしたいから」という予防線を張っておきます。

あるいは、その後の予定をあらかじめ入れてしまってもいいかもしれません。実際に用事があることで、途中で帰る必要性が生じます。

これは鉄則ですが、途中で帰ることに罪悪感を持つ必要はありません。終わる時間を決めることで、お互いに間延びせずに話したいことが話せるというメリットがあります。ダラダラ飲んで時間を浪費するくらいなら短時間で中身が濃いほうがいいのです。

短時間であればあるほど、もう少し話したいという余韻を残せて、次もまた会いたいと思えるものなのです。

支払いは割り勘でいい？

もう一つ、「お金」の問題もゆる友活では無視できません。自分自身が無理しないために、ある程度の予算を決めて会うことは大事だと思います。

短時間でお茶やランチ、あるいは立ち飲み屋やバーで一杯だけと決めることで金額は抑えられます。毎回会わなくても、時々はオンラインで話すという手もあります。

悩ましいのが、相手と金銭感覚が合わないときです。大人になって新しく出会う人とは年が離れていることも珍しくないので、世代や価値観でもお金の使い方がそれぞれ異なることがあります。

たとえば、お互いに時間は合わせることができても、相手と会う場所が極端に高級店か格安店になると合わせるのがむずかしいですよね。自分から誘う場合は、会う場所を提案できますが、相手から先に提案されたりこちらの提案が通らなかったりした場合には、会うのが億劫になるでしょう。たまになら合わせてもいいかもしれませんが、毎回そうだと気持ちも後ろ向きになりがちです。

こういうときは、自分から「この店はどうですか？」と代替案を提示してみて、それでも相手が同意しないのであれば、自分の基準で「この人とはもう会わない」と決めることも必要です。我慢してつき合ってもお互いにストレスなので、ゆる友活は続かないでしょう。

ゆる友活での支払いは、相手におめでたいことがあったときや、相手がかなり年下のときは別として、基本的には「割り勘」でいいと思います。自分が年上だからといって必ずおごらなければいけないわけではありません。相手が年下であなたにとっておごるのが負担になるとしたら、無理につき合わなくてもいいのです。

よく飲み会や食事会で、みんなが割り勘にしようとしても自分の飲食した分だけ出して、支払いを少なくしようと考える人がいますが、そういう態度をとると周りにケチくさいと思われます。

お金は飲食代ではなく友だちとの時間に使うものです。気持ち良く支払えれば、相手も気分が良くなり、さらに自分も気分が良くなります。

ゆる友活は、その時間が楽しければいいのです。その観点から考えて、どこまで相手とつき合うかを自分で決めることが大切なのではないでしょうか？

POINT

つき合う時間を決めて
限られた時間を楽しく過ごす

2 友だちからの誘いをうまく断るには？

〝大人の事情〟で断る

友だちから気分が乗らない誘いを受けたときに、「せっかく誘ってくれたのに断るのは申し訳ない」と思ったことはありませんか？

友だちとの距離感がわからなくなっているあなたは、返事に困ってしまうものかもしれません。

ゆる友活は、自分の時間を犠牲にしてまでやるものではありません。本来、自分の時間は自分が満足するために使うものです。気分が乗らなければたとえ短時間でも無理してつき合う必要はなく、断ってもいいのです。

ただし、気分が乗らないときでも、何らかの理由を用意して断るとスムーズです。

友だちから「今月のどこかで飲みに行かない？」と誘われて断る場合には「仕事が立て

込んでいる」「家族の用事がある」などの〝大人の事情〟をおすすめします。

断る理由はいくらでも考えられます。大人は相手を傷つけないためにやさしい嘘をつくことも必要なのです。

ただし、断る理由で気をつけたいことがあります。

たとえば、友だちから「サウナに行かない？」という誘いが来たとして、そもそもあなたがサウナは好きではない場合があると思います。しかし、「忙しい」などの大人の事情を理由に断ると、その後も何度もサウナの誘いが来てしまうことがあります。

その場合は「私はサウナで体調が悪くなるんです。サウナに入るとめまいを起こしてしまいます」と言って、「嫌い」「興味がない」ではなく、「体調が悪くなる」という不可避の事情を伝えます。

これにより、次からサウナの誘いが来なくなります。相手はサウナがあなたに合わなかっただけと理解します。

悩むのは時間の無駄

ところが、すぐに断るのは罪悪感があるのか、相手に嫌われるかもしれないと思うのか、

「後で返事する」「ちょっと調整する」ととりあえず保留し、しばらくしてから断る人を見かけます。

角が立たないための演出かもしれませんが、こうすることで自分自身が疲弊してしまう場合があります。断るまでの間、断る気まずさのプレッシャーと向き合い続けないといけないからです。

ゆる友活でそういうモヤモヤを抱えないためにも、スマートに断る手段を身につけておくのがいいでしょう。

たとえば、このようにすばやく返事します。

「すごく行きたいのですが、あいにく最近○○が忙しく、それを片づけないと身動きがとれません。本当に残念です。またよろしくお願いします！」

「魅力的なお誘いをありがとう。このところちょっと心身ともに疲れていて、家で静かに過ごすことにしています。落ち着いたら会いたいです！」

最初から気乗りしない誘いは放置するという手もあります。気が向いたとき、心に余裕ができたときに返せばいいと考えるのも悪くありません。相手の誘いを放置するもしないも、あなたの自由です。

あなたが思っているほど、相手は断られたことを気にしていないものです。

いちいち悩むのは時間の無駄でしかないので、誘いを断る勇気を持つことです。それがゆる友活だと割り切ることが大切です。

断ったからといって、相手に嫌われるわけではありません。断ったことでその人が離れていったとしたら、そこまでの関係だったということです。

だからといって、友だち関係を続けたい相手に対し、何度も続けて断るのは気まずいもの。その場合はあなたからお茶やランチ、オンラインなどでのコミュニケーションを持ちかけます。こうすることで相手を避けたいわけではないことが伝わります。

逆に、相手とちょっと距離を置きたいときは、意図的に数日後に返事をしてもいいかもしれません。

「すみません。最近忙しくてなかなか時間がとれません。また落ち着いたらこちらから連絡します！」

こう返すことで、相手にそれほど会いたいわけではないということが伝わります。

それでも後から「連絡すると言ったじゃないか！」と相手からクレームが来たときは、「やはりむずかしくて……」と返してもいいのです。もちろん何も返さなくても問題ありません。気分が乗らない相手とは無理につき合わないほうがいいからです。

スマートな断り方を身につけることによって、無理なくゆる友活を続けることができるのです。

POINT

気分が乗らない誘いは
角が立たない理由を伝えて断る

3 誤解されずに異性の友だちとつき合うには？

異性の友だちはありか、なしか？

友だちは同性でなくてもいいのか？　もちろん「イエス！」です。世の中の半分は異性ですから異性の友だちを持つのは自然なことです。

「ただでさえ友だちとの距離感がむずかしいのに、異性の友だちなんて……」と思う人もいるかもしれませんが、本来、友だち関係に性別は関係ありません。男女関係なく、自分に合う人とつき合うのがゆる友活です。

異性の友だちを持つメリットは、同性にない視点から話を聞くことができる点でしょう。職場の人に聞きづらいプライベートな問題、とくに夫婦間・男女間の悩みやトラブルを異性の友だちに相談すると的確なアドバイスをくれることが多いのです。

それでも日本の社会では、いまだに大人になって異性の友だちを持つことに抵抗を感じる人がかなり存在しています。

その理由の一つに、自分と相手の配偶者や恋人に配慮したいという気持ちがあるのではないでしょうか？　実際に配偶者や恋人が文句や不満を言う場合もあるでしょう。その結果、「異性の友だちを持たない主義」になる人もいます。

他には、そもそも異性に苦手意識があるという理由が考えられます。異性の友だちを「持てない」のですが、それが「持たない」にすり替わるパターンです。

人それぞれの生き方や判断なので、その人が良しとするならそれでいいのが前提です。ただし、自分に合う人を異性だからといって避けるのはもったいないと思います。

実際、ある人から「気があると誤解されずに異性と友だち関係を続けられますか？」という質問を受けましたが、それは気にしすぎではないでしょうか？

お互いに「ただの友だち」ときっぱり線引きできれば、相手に対する接し方や関係は恋愛感情を伴わないものになるでしょう。心の中で「ただの友だち」と何度も唱え、サバサバとした態度をとっていれば、そんな心配は消えてなくなります。

異性の友だちとの距離感がむずかしいと思うのであれば、むしろ積極的に異性と関わることです。笑顔で挨拶したり普通に話したりする機会を増やしながら、免疫をつけていきましょう。

何度かトライしても、異性の相手と知り合うとドキドキして友だちという線引きができない場合は、無理してつき合わなくてもいいと思います。ゆる友活でなくなってしまうからです。

関係をこじらせない予防線

異性の友だちに対して「ただの友だち」と線引きするためには、敬語で話し続けることがおすすめです。お互いの間に一定の距離を保つうえで敬語で話すことはいい方法なのです。

さらに、次のフレーズを笑顔で会話に差し込んでいけばいいでしょう。

「友だちとして何でも話せるのは楽しいですね！」

異性の匂《にお》いを出すことがルール違反であるという暗黙の了解になり、ストレスを相手に与えることも自分が感じることも少なくなるはずです。

お互いに、あるいは片方に配偶者や恋人がいる場合は、相手に紹介しておくといいかもしれません。

ただし、あなたの配偶者や恋人が異性との交友関係が広くない場合には注意が必要です。「自分には異性の友だちがほとんどいないのに、何であなた（君）だけ？　おかしくない？」と誤解を生んだり嫉妬心を煽《あお》ったりすることになります。

元カレや元カノ、元夫や元妻と友だちになるケースもあります。この場合も、「もう友だちだしね！」とお互いの考えや立場を明確にしておけば、さまざまなリスクを軽減できます。

万が一、相手があなたを恋愛対象として見るようになったとしたら、そのときは「友だちとして会おう」と言い切ればいいのです。それを相手が受け入れれば関係を続けられますし、相手が傷ついて音信不通になってしまったら、それまでのことです。

逆に、あなたが相手を好きになってしまうこともありえない話ではありません。既婚者の場合は、自分の感情が抑えられなくなる前に、早めに相手とは距離を置くべきです。

とくにリアルコミュニティの中では、自分から告白して振られてしまえば、お互いに顔を合わせるのが気まずくなるし、せっかく楽しんでいたコミュニティに居づらくなるかもしれません。コミュニティでのつながりを考えて、距離を置くことも大人の選択です。

相手を好きだと思う気持ちをぐっとこらえてコミュニティの空気を悪くせず、友情に転換することも人生の妙味といえます。

異性の友だちは一人に限定せず、複数いるほうがうまくいくと思います。複数の魅力的な相手とゆるく関わることで、結果的に友情は長続きするからです。

POINT

「ただの友だち」として線引きし、一人より複数とゆるくつき合う

4 友だちが困っていたらどこまで助けるか?

お金がらみの頼み事をされたら?

友だちが困っていたらどこまで助けるか? これは誰もが一度は悩むことなのかもしれません。自分が疲弊しない程度に助けるというのが、ゆる友活における模範的な答えです。

たとえば、友だちがお金に困っていたらどうするか? 友だちが事業でお金が必要なときに、あなたに余裕があり、相手の事業に将来性があるなら投資としてお金を出すという選択肢があると思います。

そうではなく、友だちが浪費やギャンブル、投資の失敗などが原因でお金が必要だという場合には、単にお金を貸したり借金の保証人になったりするのはおすすめしません。

友だちが病気で働けなくなったり会社を解雇されたりしてお金が必要になり、あなたが相手を金銭的に助けるときには、万が一自分が失っても痛くない金額であることが大前提です。

自分のお金を失ったとしても、友だち関係を続ける覚悟がありますか？「たとえこの金が全部消えてしまったとしても気にするな」という一言を、相手に伝えることができるでしょうか？

現実は、あなたがお金を貸して、たとえ少額でも相手が返せないとなると、その人とは連絡がとれなくなることが多いのです。結局、お金も友だちも失ってしまう可能性があるわけです。

もちろんあなたに余裕がなければ、断るしかありません。そういうときは「今は手もとに自由に使えるお金がない」「これから子どもにお金がかかるのでむずかしい」などの理由を伝えることです。

どうしても友だちに助けの手を差し伸べたいのなら、お金を貸すのではなく、何かいい解決策がないか、いい知恵がないか一緒に考えてあげることです。そこまでして、それでも相手の力になれないなら仕方がありません。

友だちがお金に困っているときによくあるのが、その人が商品の売り込みやビジネスの勧誘をしてくることです。相手が営業ノルマに困っていて、どうにかしてくれないかとゴり押ししてくるケースです。

あなたがその商品やビジネスについて関心があれば、話を聞けばいいと思います。しかし、興味がなければ、きちんとNOを突きつけるべきです。「そういうものには興味がない」「今のところ必要としていない」と言って、ためらわずにすぐに断ることがポイントです。

情けをかけて「ちょっと検討する」という心にもない答えを返してしまうと、相手は期待してしまいます。あなたが興味を持っていると相手が思い込み、後から面倒なことになってしまうのです。

良くないものをすすめる友だちに、厳しい言葉をかけることも時には必要で、それが本人のためになることもあります。やがて目が覚めて「あのときは悪かったな……」と思ってくれればいいのです。

実際に私もそのような勧誘を受けたことがあります。友人から話を聞いた時点で、どう考えてもおかしいと感じたので、きっぱりと断りました。あまりにも私の断り方が失礼だったのか、彼はへそを曲げてしまいました。

それ以来、彼から連絡はなく、私からも連絡していませんが、後悔はありません。自分が不快なだけでなく、つながっていることでさらに共通の知人などに被害が及ぶ可能性もあるからです。

自分に依存してきたら？

友だちがあなたに精神的に依存してくる場合はどうでしょうか？　一見どんなにメンタルが強そうな人でも、会社を解雇されたり大切な人と死別したりした後は、精神的に不安定になることがあります。しかし、精神的な不安定を通り越して別人かと思うほどの支離滅裂な思考や感情をそのまま反映した、答えの出ない話を延々と続けられるとこちらが疲弊するばかりです。そうなるとその人とつき合うのが嫌になってしまいます。

以前、私の友人が離婚に向けて話を進めていたときです。なかなか妻が離婚に応じてくれないばかりか、彼は妻からすさまじいモラハラを受けていました。やがて彼は夜中に電話をかけてきたり、突然私の事務所に現れたりするようになりました。

会話のキャッチボールができるうちは、まだ親身に彼の相談に乗っていましたが、やがて話す内容が支離滅裂になり、とうとう私は少々怒気を帯びた口調でこう言い返しました。

「たしかにいい方向に向かえばいいと願っているよ。でも、君の離婚話中心に世界が回っているわけではないから。こっちも仕事も家庭もあるし、別の人生があるからさ！」
すると彼は「わかった、ごめん、悪かった……」と言って話題を変えました。それから
も時折、離婚経過の話を聞くことがありましたが、不快感を抱くほどではなくなりました。
その後、彼は離婚を成立させ、今は新しい家族と幸せに暮らしています。彼の性格もそ
れまでの明るくさっぱりしたものに戻ったので、友だち関係を続けています。
「時には一肌脱ぐこと」も友情なのかもしれませんが、多少の情けはかけつつ、ある程度
のところで線を引くのが健全な距離感でしょう。

POINT

友だちからの無理なお願いは
本人のためにも毅然としてつっぱねる

5 友だちと自分を比べても楽しくない

自分のことに目を向ける

大人になって立場や環境が変わったことで、友だちとの関係がぎくしゃくした経験はありませんか？

お互いに、あるいはどちらか一方が強い嫉妬心や劣等感などのネガティブな感情を抱くと、それが友だちを遠ざけるきっかけになります。

嫉妬心は誰にでもあるものですが、嫉妬が人を不幸にすることもあります。自分の中に相手に対する屈折した感情があることで、暴走を止められずに傷つけるようなことを口走ってしまうのです。

友だちの成功や幸せに嫉妬して、「まあ、いいときもあれば悪いときもあるしね……」「結局、うまく立ち回っただけでしょ？」と不用意な言葉を吐いてしまうのです。

一方、昔と立場や環境が変わっても、お互いを思いやれる、心地いい友だち関係も存在します。

友だちが自分より社会的立場が上になったとしても、実際に会うと謙虚だったり、本当は深刻な悩みやトラブルを抱えていて逆に相談されたりすることは少なくありません。そんなときは、積極的に相手の話を聞くことをおすすめします。

成功した相手の話が理解できないのであれば、むしろ自分から質問して教えてもらいましょう。相手も話を聞いてくれるとうれしいので、気持ち良く答えてくれるのではないでしょうか？

これを学ぶ機会ととらえられれば、嫉妬などどうでも良くなります。

そもそも、自分と相手を比べなければ、嫉妬心は消え、人生における苦しみの半分以上は減ると思います。

そうはいっても、昔からの友だちは、自分と比べずにはいられないのが普通の感覚でしょう。

「あの人はうまくいっている。でも自分はうまくいっていない。あの人の顔を見るだけでイライラ、モヤモヤする」という状態になっているのであれば、その友だちと会うのはやめて、仕事でも趣味でも何でもいいので没頭し、楽しさや充実感を味わう工夫をしてみてください。

目の前のことに目を向けているうちに成果が出はじめ、心が満たされるので、相手に向かっていた嫉妬心も薄まっていきます。

ゆる友活では「友だちにはかなわない」ではなく、「自分はこんなに楽しい！　もっと充実感を味わいたい！　そのためにゆる友を増やしていく」と考えます。

もちろんあなたに対して相手が見下した態度をとってきたら、その人とは距離を置くことです。

クールかつシンプルに「しばらく会わない」という選択をすればいいでしょう。

一対一より複数で会う

逆に、あなたが友だちより社会的立場が上になったとしたら、「成功した」とは冗談でも言わないようにします。「あ～、浮かれているわ。見苦しい」と相手から距離を置かれることは必至です。

人生がうまくいっているときこそ一人の人間として、懐かしい思い出を振り返り、友だちと共有することです。もちろん自慢話はせず、謙虚でいなくてはいけません。

ただし、相手から「うまくいっているんでしょ？」と聞かれているのに、頑《かたく》なに黙っているのも、かえって相手に「よそよそしい」と思われてしまいます。自分の成功談は謙虚に短く話し、相手が「それで？」と前のめりに食いついてきたらさらりと答えます。

それでも相手から嫌味を言われたり強く当たられたりしたら、無理にわかり合おうとせず、その人とは距離を置くことです。お互いに新しい友だちをつくる時期であると、前向きに割り切るのが得策です。

誰しも人生のその時々の精神状態に合った、一緒にいたいと思う人がいるはずです。自分に正直になって、そういう人とだけつき合えばいいのです。

「でも、昔からの友だちを失ってしまうのはさみしい。これまでの関係を壊したくない」と思う場合は、一対一で会わずに複数で会うことです。

人数が増えれば増えるほど、自分や相手が屈折した感情を抱いていたとしても、直接向き合わなくて済むからです。

みんなで盛り上がろうとするので、会話がプラスの方向に膨らみます。

「関係がマンネリ化している」と感じる場合も、昔からの友だちとのつき合いに新鮮さを取り戻すために、最近知り合った人を交えて食事や飲みに行ってみてください。
また新たな気持ちで友だちとの時間を楽しむことができます。

POINT

複数で会うと新鮮な気持ちで友だちとの時間を楽しめる

6 ケンカはしないに限る

謝ることは負けではない

ゆる友活では、お互いの距離感を一定に保つうえで、ケンカはしないに限ります。なぜなら、一度ケンカをしてしまうと、その後、仲直りをする時間がなかなかとれないからです。

大人になると忙しさから頻繁に顔を合わせられないので、ささいなことが原因でも、一度ひびが入ってしまった関係を修復するには時間がかかります。

それでもあなたが仲直りしたいのであれば、まずは自分に非がないか振り返るところからはじめてください。

相手が先に気分を害した場合、あなたにとっては大したことではなくても、相手にとっては重要なことの可能性もあるからです。その場合は、相手の怒りを生み出してしまったことについてまず謝るのが大人の対応です。謝った後に、「自分にはそんなつもりはなかった」と伝えるのがいいでしょう。

ところが、自分から謝れない大人が意外と多いのです。まるで子どものように、謝ることを負けだと思い込んでいる人が多いのです。

「あの人は自分が悪いのに謝れない」という評判が広がると、周囲はその人を〝駄々っ子〟として認識しはじめます。その結果、誰からも仲良くしてもらえなくなるのです。

たとえあなたが相手を怒らせてしまっても、潔く謝ることができれば、逆に人間としての価値を上げることにつながります。謝ることは自分の尊厳を損なう行為ではないのです。

実際、私も謝れない人を何人も見てきました。そのたびに私の中でその人への信頼や愛着が消えていきました。尊敬の念も薄れ、精神的に幼稚な人だと思うようになり、壁ができてしまったものです。

あるとき、私の知人が友人の真剣なSNS投稿に、おちょくるような口調のコメントを書き込みました。

「え！　このサービス、君がやるの？　なんか怪しい～（笑）」

書き込みをされたほうは「こんなふうに書くのはやめてくれないか！　君はいったいど

ういう神経をしているんだ？」とそのコメントに返信しました。

しかし、書き込んだ彼は謝るどころか「あいつは傲慢《ごうまん》だ！」と逆ギレしたのです。すぐに謝るべきでしたが、彼は注意されたことに腹を立てて根に持ち、嫌味を言い続けたのです。

結局、二人の友情はそこで終わってしまいました。

私もそのやりとりを見ていて、知人の見苦しい態度に残念な気持ちになったとともに、彼の内面に疑問を感じて、距離を置くようになりました。

謝らないことで自分の尊厳を守ったつもりでも、周りからの評価を取り返しがつかないほど下げてしまったケースです。

相手の怒りに納得できなかったら？

もちろん何でも謝ればいいというものではありません。お互いの言い分に食い違いがある場合もあるはずです。

たとえば、相手の悪口を実際は言っていないのに、あなたが陰で言ったことになっていて相手が怒っているようなときです。そんなときはまず、「絶対にそんなことは言わないし、自分を信じてほしい」とはっきりと主張するべきでしょう。

相手の誤解を解かなかったがゆえに、濡《ぬ》れ衣《ぎぬ》を着せられたまま、完全な悪者になってしまっては目も当てられません。納得がいかなければ、第三者に仲介役をお願いし、相手を話し合いの場に引っ張り出せばいいのです。自分の身の潔白を証明し、名誉の回復を図ることは大切です。

相手の怒った内容がとてもささいなことの場合もあります。あなたが「待ち合わせに数分遅れた」「失礼ではない範囲のちょっとした言い間違いをした」という程度で強く怒られたとすれば、先に謝りながらも「何でそれくらいのことで怒るの？」とさらりとツッコミ返したほうがいいでしょう。

あるいは、その時点で積極的につき合わないという選択をしてしまってもいいと思います。

重要なのは、友だち同士の集まりではケンカは避けたほうが賢明だということです。誰かの言動に対して自分が先に怒れば、楽しい時間をぶち壊した張本人になってしまうからです。

それでも自分の感情をぶつけたいという人は自己責任で言ってしまえばいいでしょう。

ケンカが大きくなれば原因が追究され、なぜそうなったのかが明らかになり、自分だけに非があるわけではないことが証明される可能性もあります。

ですがやはり、せっかくのみんなとの時間を楽しく過ごしたいなら、我慢してその場はやり過ごすほうが得策です。その後、その相手と距離を置くのは簡単だからです。

POINT

自分が悪いと思ったら素直に謝り、相手の怒りに納得できなければ距離を置く

7 「ま、いっか！」でほどほどに許す

寛容でないと続かない

友だち関係を続けるうえで大事なのは「ま、いっか！」とほどほどに相手を許せる寛容さを持つことです。ゆる友活では、とくにこの「ゆるさ」が必要になってきます。

しかし、「いやいや、大人なんだから〝なあなあ〟はダメでしょ？」「だらしない人とつき合うと自分の運まで落ちるんじゃない？」と考える人もいます。

私自身、20代の若手社会人時代に「きちんとした人じゃなきゃつき合わない！」と決めて、何人もの友だちと関係が切れたことがあります。

学生時代からの仲間25人と交流イベントを開催していた頃です。利害のない関係とはいえ、そういう場では約束や時間を守ることは私にとって最重要事項でした。ですが、中には約束や時間を守ることをさほど重視しない人がいて、いつも私が怒っていた記憶があり

ます。私は、心のどこかで「自分が正しい」と思い込み、体育会系のノリで厳しく接していたのです。

ところがあるとき、「あれ？　だいぶ友だちが消えたな……」と自分への疑いを抱きました。

「約束を守らない友だちと縁を切っていたつもりだったけど、実は自分が切られていたんじゃないか⁉」

そこで初めて「先に俺を怒らせて、関係を切りたかったのか！」と気づいたのです。

私から関係を切ったと思っていたのに、実は逆。相手がはじめから私と関係を切りたかったただけ。それに私が怒っただけ……。

もしもあのとき約束や時間を守らない相手に対し、『ま、いっか！』スイッチ」で切り替えられていたら、私の友だち関係は大きく変わっていたかもしれません。これは今だからこそわかることです。

大人としてきちんと接しながら、相手の言動にはある程度寛容になることが必要です。約束や時間にルーズな相手でも少々のことは大目に見て忘れてしまうほうが、自分も幸せなのです。

「そういう人だ」「そういう現象が起きているだけ」と受け入れて許す——これを心がけなければ、ゆる友なんてすぐにいなくなってしまいますから。

あきらめにはじまり、あきらめに終わる

「あの人、約束していたはずなのにすっかり忘れてほんとムカつく！　つき合いをやめようかな？」

そんなときは、『ま、いっか！』スイッチ」でこう切り替えればいいのです。

「ま、いっか！　忙しくていっぱいいっぱいだったかもしれないし。まあ、お互いにもう会いたくないと思えばつき合いは終わるんだから、しばらく放置しておいて相手の出方を待つか……」

その後、相手からは連絡が来なくなるかもしれません。そのまま音信不通になったら、これはこれでかえって区切りがいいともいえます。

後になって相手が謝ってきた場合には、あなたはふんぞり返っていてはいけません。「この先、自分だって約束を忘れたり遅刻したり、悪ふざけをして相手を怒らせてしまうかもしれないのだから」と思って許してあげましょう。

一歩引いてみて、流れに身を任せる――これで「持ちつ持たれつの関係」がつくれるわけです。

実は「『ま、いっか！』スイッチ」は、自分がラクになる処方箋ともいえます。年をとると知識も経験も大幅に増え、相手のいい加減さや無礼さに気づきすぎてしまうものです。勘も鋭くなり、相手の思惑にも気づいてしまいます。それによってイライラ、ピリピリしてしまうのは自分にとってもマイナスですね。

プライベートの時間であれば、お互いに気を抜くし、素の自分に戻って楽しみたいものです。だから多少の欠点や過ちも仕方がありません。自分のためにも「ま、いっか！」とほどほどに相手を許せる寛容さが必要になると思うのです。

自分は相手に礼を尽くし、気づかったり、思いやったりしながらも、相手の少々残念な言動は見て見ぬフリをして忘れてしまうほうがいい。そのために、自分がほどほどに〝バカ〟になることが正解なのです。

ほどほどに〝バカ〟になるとは、意識して鈍感になるということですが、多くの人はなかなかできないと思います。

そんなときはこう思ってみてください。

「自分も無意識に誰かをイラつかせているかもしれないし、逆に細かすぎて鬱陶《うっとう》しいとか、つまらないとか思われているかもしれないんだから……」

あなたも気づかないうちに誰かから〝愛の恩赦《おんしゃ》〟を受けているかもしれません。

ゆる友活は「あきらめにはじまり、あきらめに終わる」のです。前者のあきらめは絶望ではなく、相手に期待しすぎないということ。後者のあきらめは、人には人の都合があるということです。そう思えば音信不通もへっちゃらです。

そんなゆるい距離感だからこそ、相手の良い面に感謝でき、幸福感も得られるようになるのです。

POINT

相手に期待しすぎず、寛容になって、自分もラクになる

8 距離を置くのに罪悪感はいらない

友だち関係のベンチ待機状態

友だちとの距離感がわからなくなっているときによくあるのが、「最初は仲が良かったのに、なんとなく途中から苦手になってしまった」という悩みです。

相手と出会ってから半年でそうなる場合もあれば、1年後、3年後、5年後にそうなる場合もあります。その期間は相手によってそれぞれ違います。

これは、お互いに「地」が出てきてしまうことが原因だと思います。月日が経つにつれて遠慮が消え、気をつかわなくなります。そうすると相手の言動が鼻につくことが多くなり、次第に我慢できなくなるのです。

相手の態度や接し方も、変わってくることがあります。頼み事が増えたり、ぞんざいに扱ってきたり、小馬鹿にしてきたり、約束を守らなかったりするケースです。

このような状態になってしまっていたら、徐々に距離を置くのがおすすめです。いきなり友だちをやめてしまわず、関係を白でも黒でもないグレーにとどめておきます。言い方は悪いですが、「友だち関係のベンチ待機状態」をつくるのです。「レギュラーだけれどスタメンではなくベンチ入り」ということです。

「今は会わないが、いつかまた会うかもしれない。わざわざ定期的に会うことはないけれど、完全に友だちをやめるわけではない」といった距離感です。もちろんこのことは自分の心の中にとどめ、誰にも言わないのがいいでしょう。

距離を置くことで、相手と冷静かつ客観的に向き合えるようになります。不快感も淡々と受け流せたり、寛容に受け止められたりします。

友だちと会わなくなったことでさみしさを感じるときは、仕事や趣味に没頭するか、新しい人と出会う努力をするといいと思います。新しい世界や人間関係により、心に空いた穴は埋まりますし、新しい出会いは未来への期待も運んできます。

人間は機械でもロボットでもありません。時の流れとともに、友だちも変わりますし、自分自身も変わっていくのですから。

友だち関係はそもそも最初から流動的なものであり、うまくやっていくために近づいたり離れたりするのは自然なことなのです。

無理に好かれる必要はない

ゆる友活で大事なのは、相手と距離を置くときに自分に罪悪感を持たないことです。むしろこれを「いい人」をやめる機会ととらえることです。

会社から独立して5年目のWebデザイナーのEさん（50代・男性）は、学生時代からつき合いが良く、自ら飲み会の幹事をやり、みんなを喜ばせるのが好きでした。

ところが、フリーランスの激務をこなす中で、気の合わない一部の友だちとの時間をストレスに感じはじめました。そしてついに決意します。

「試しに、会った後に後味の悪い友だちとは会わないキャンペーンをしてみよう！」

Eさんは「いい人」になることをやめ、後味の悪い友だちの誘いを仕事の予定を入れて避けるようにしました。すると、友だちづき合いに対して清々しい気持ちが持てるようになり、幸福度が上がったのでした。

私たちは社会人になって以来、いかに不条理な場面でも柔和な笑顔で冷静に受け流し、その場を丸く収めるスキルを身につけようとしてきました。

若い頃は「トラブル上等！」と勝ち気だった人も、経験を積むにつれてトラブル自体のマイナス面に気づき、自分に非がなくても、「すみません」と言ってやり過ごすことを覚えます。はじめははらわたが煮えくり返っても、だんだん演技がうまくなり、年をとるごとに滅多なことでは揉めなくなるのです。「あれはお人よしすぎる態度だったかもしれない」「もっとちゃんと言い返せば良かった」と思っても、相手との良好な関係を維持しようとします。

これは自分にも相手にも嘘をつく行為ではありますが、安寧に生きるための処世術ですね。

ですが、これを友だち関係でも100％実行しようとすると、とても苦しい思いをすることになるかもしれません。

実際は相手が態度を変えるべきであって、あなたが相手に好かれることが優先される必要はないこともあります。

「もう金輪際、そんなことに自分の時間とエネルギーを使うのは嫌！」と思うのであれば、つき合いはそれまでとすべきです。

現に転勤や転職、独立、結婚や出産を機に、自分にとってマイナスな友だちづき合いをリセットする人は珍しくありません。

世の中にはあなたが思うよりずっと多く、そうやって友だちづき合いを終わらせている人がいます。なんとなく音信不通になった人や、連絡をしているのに返信がない人、いつの間にかグループからいなくなった人など、自分から距離を置いていった人たちがそうです。

それは法律違反でも倫理または道徳違反でもなく、誰もがとっていい行動であり、友だちとのつき合い方の選択肢の一つなのです。何も特別なことではなく、日常茶飯事であり、起こり続ける人間の生態なのです。

POINT

「今は会わない」と決めて、試しに離れてみるのもつき合い方の選択肢

9 友情には寿命がある⁉

距離を置いてからの復活

私が20代の頃、中学校の同級生と大学の同級生を引き合わせて飲んだときのことです。中学校の同級生が帰った後、大学の同級生が眉をひそめながら私に「どうしてあんなやつとつき合っているんだ?」と言ったのです。

「え? 昔からの友だちだから」と私は言い返しましたが、大学の同級生はこう続けました。

「あいつの言うことはすべて否定的で、成長を邪魔してくる。他人の批判しかしないし、聞いている俺まで不快だよ。正直、お前とも距離を置きたくなるわ」

私は中学校の同級生からの誘いにはいつも応じていました。多少窮屈だけど、古くからのつき合いだし、そういうものだと思っていました。

しかし冷静に考えてみると、毎回彼は自分のことは棚に上げ、愚痴や不平不満ばかり吐き出し、その場の空気を悪くしていました。私も会うたびにモヤモヤしていたのも事実です。そのことに不自然さを感じながらも、「嫌なことを言ってくれる友だちに学ぶべき」と彼を受け入れていました。それに「昔からの友だちを切るのは悪いこと」と思い込んでいたのです。

私は思い切って彼とのつき合いをやめることにしました。最初は「お前、最近つき合い悪いな……」と彼からいろいろ言われましたが、最後は「仕事が死ぬほど忙しい」となし崩し的に音信不通の状態に持ち込みました。

ただし、人間は忘れる生き物でもあります。その後、私は自分から距離を置いたことも忘れて彼と久々に会ってみたい気持ちになり、7年ぶりに再会を果たしました。

彼は以前よりも人との接し方が丁寧になり、前向きな性格にもなって、つき合いやすい人に変わっていました。その後、彼とは以前ほどの近い距離感ではないものの、知人を交えて仕事の情報交換をする間柄になりました。

このように、ストレスを感じる友だちと距離を置き、相手が変わることで関係が復活する場合もあります。

消滅してもまた次がある

「いやいや、また嫌な思いをするかもしれないのに再会なんて！」と思った人もいるかもしれません。でも、またダメだったら距離を置けばいいのです。

私自身、他の友人において関係の復活を試みたところ、またもや嫌な思いをして「やっぱりもう会わない！」となったことが何度もあります。

ゆる友活では、関係を復活するもしないも自分次第です。つき合いを「休止」したまま「消滅」させてもいいでしょう。「あいつとは関係を復活すべからず」という心の警報器が鳴っている間は「絶対に会わない！」でもいいのです。

友情というのは、なんとなくゆらゆら揺れる忘却の波間で修復を繰り返すものなのかもしれません。何度も言いますが、自分も無意識に誰かを怒らせてしばらく距離を置かれ、その後〝なあなあ〟で許してもらっている可能性だってあります。

自覚しておくべきは、自分も同じように相手からつき合いを休止されたり復活させられたりしているかもしれないということです。

私たちはお互いに許し、許されて生きています。相手から許されるための手立てとしては、基本的には自分の行いを顧みて、心当たりのあることを改善するしかありません。再会する機会があれば、そのときは以前とは違う態度をとり、明らかに自分に非があると思うなら潔く謝るしかないでしょう。

それでも相手が許してくれなければそこまでですから、気に病まないことです。

「友情の寿命が来るのは自然の摂理である」と思えばショックも少ないはずです。

友情とはそんな諸行無常のものだからこそ長年続いていくことが奇跡的な宝物になるのです。

大人でも、ゆる友はあなたがつくろうと思えばつくれます。この時代、どこでも移動できるし、いつでもオンラインでつながることができます。

これから新しく出会う人たちは、過去のあなたには目を向けません。新しいコミュニティの輪の中に溶け込めば溶け込むほど、あなたも変わっていく——これもまた人間の生態です。

たとえこれまでの友だちとのつき合いが消滅したとしても、自分の人生を自ら選んでいる限り、次のステージで新しい友だちと出会い、その友だちとの関係がスタートして新しい世界を生きることができるのです。

ゆる友活はあなた自身の生き方の選択そのものであり、人生を豊かにしてくれるチャンスでもあるわけです。

POINT

自分の人生を自ら選ぶことで、新しい友だちとの出会いがある

おわりに

いかがでしたか？

あなたは人とのつながりを求め、この本を手に取ってくださったのだと思います。

今の世の中は不安に満ち溢れています。不安定な現代において、多くの人がさまざまなしがらみに縛られ、自分を抑えつけながら生きています。

一人で不安を抱えていても、誰かが解決してくれるわけではないですし、不安を嘆いたからといって、世の中が急に変わるわけでもありません。

そして人の不安の多くは行動しないことによって膨らみ続けます。

今不安や孤独を感じている人は、あなただけではありません。とくに悩みもなく、不安も感じていない人のほうが少ないのではないでしょうか？

ですが、あなたが誰かとゆるくつながることで、不安や孤独感を軽くすることができるのです。

人間は社会的動物だから「人は一人では生きられない」といわれています。

この言葉を私は、

「人は一人では〝人間らしく、心を躍らせて〟生きられない」

と解釈しています。

〝人間らしく、心を躍らせて〟とは、人と人がつながっているからこそ、笑いや感動を共有し、幸福感を得られるということです。

一人でも「笑う」ことはできますが、「笑い合う」ことはできません。「楽しいよね」「面白いよね」と同意を示したり、一体感を表したりすることができません。

外界からの刺激によって自分を成長させられるのが人間です。生きている限り、他者とつながることを避けて通ることはできません。

不安があればこそ、あなたから行動を起こし、共感し合える人たちと出会い、ちょうどいいつながりの中で心を通わせてほしいと思います。

本当に自分らしく生きるために。

未来をより良くするために。

日々の生活の中で、ほんの少し行動を変えてみる。
小さな勇気を積み重ねて、壁を壊してみる。
ゆる友活でそんな体験を味わい、楽しんでみてください。
この本が、あなたの人生を豊かにする一助となれば幸いです。

潮凪洋介

潮凪洋介
（しおなぎ・ようすけ）

1970年生まれ。サードプレイス啓蒙家。株式会社ハートランド代表取締役。

1993年、新卒会社員当時、社会人のサードプレイスクラブ「CHL」を立ち上げ、東京・港区にサロンを設置。400回以上のサードプレイスイベントを実施。

2011年、LWCA（ライフワーク・クリエイト協会）を立ち上げ、「誰もが社外でアソビジネスを楽しむ世の中」を目指し、メディアへの出演や執筆、企業・団体での講演を行う。2014年〜2019年まで東京・芝浦で毎週サードプレイスイベントを主催。281週連続開催し、口コミだけで延べ8000人を集める。

『もう「いい人」になるのはやめなさい！』『「バカになれる男」の魅力』『「男の色気」のつくり方』『遊び＋ビジネスで人生が変わる　アソビジネス大全』など著書多数。

潮凪洋介オフィシャルサイト
https://shionagi-yosuke.com/

LWCA
〜大好きで得意なアソビジネスにきっと出会える〜
https://www.freedom-college.com/

装丁／chichols

大人《おとな》のゆる友活《ともかつ》

ちょうどいいつながりが人生《じんせい》を豊《ゆた》かにする

2024年11月10日　第1刷発行

著　者　潮凪洋介《しおなぎようすけ》

発行者　徳永 真

発行所　株式会社集英社クリエイティブ
〒101-0051　東京都千代田区神田神保町2-23-1
電話 03-3239-3811

発売所　株式会社集英社
〒101-8050　東京都千代田区一ツ橋2-5-10
電話　読者係　03-3230-6080
販売部　03-3230-6393（書店専用）

印刷所　TOPPAN株式会社

製本所　ナショナル製本協同組合

　ISBN 978-4-420-31105-2　C0030